Der Begriff »Astrologie« ist griechischen Ursprungs und aus »astron«, der Stern, und »logos«, der Sinn, die Vernunft, das Verhältnis, zusammengesetzt. Im Unterschied zur Astronomie, die begrifflich von »nomos«, das Gesetz, abgeleitet ist (also die Gesetze behandelt, denen die Sterne, ihre Bewegung usw. unterworfen sind), beschreibt die Astrologie die den Sternen zugeschriebene innewohnende Vernunft, ihren vermeintlichen Sinn und ihr (angeblich) wirkendes Verhältnis zum Menschen und zur Natur. Sie ist, wie Valentin Engelhardt 1565 schrieb, die »Kunst des vorwissens aus dem gestirne«.

Bei der Vielfalt der Strömungen, die die Astrologie im Laufe der Jahrhunderte hervorgebracht hat, ist es schwer, eine Begriffsbestimmung zu finden, die allen Verschiedenheiten gerecht wird. Nehmen wir die Astrologie, oft auch Sterndeutung genannt, als eine Lehre, die den Erscheinungen an der Himmelskugel einen Zusammenhang mit dem irdischen Geschehen zuschreibt. Aus der Stellung der Himmelskörper versucht sie vor allem Charakter und Lebenslauf des Menschen abzuleiten und vorauszusagen sowie Empfehlungen für sein Handeln zu geben.

Jürgen Hamel

Astrologie –
Tochter der Astronomie?

Zeichnungen von Werner Ruhner

Urania-Verlag Leipzig · Jena · Berlin

Autor: Dr. phil. Jürgen Hamel
Archenhold-Sternwarte zu Berlin-Treptow

*Titelbild: Ein Drachen droht die Sonne zu verschlingen. Allegorische
Darstellung einer Sonnenfinsternis. Nach: Johannes Virdung, Practica
deutsch, 1523*

*Abb. auf S. 2: Der Saturn als Jahresherrscher für 1492 bringt Über-
schwemmungen und Tod. Nach einer Darstellung in: Wenzel Faber
von Budweis, Practica für 1492, Leipzig*

Hamel, Jürgen:
Astrologie, Tochter der Astronomie? / Jürgen
Hamel. Zeichn.: Werner Ruhner. – 1. Aufl. –
Leipzig ; Jena ; Berlin : Urania-Verlag, 1987.
– 128 S.
(Akzent; 85)
NE: GT   ISBN 3-332-00128-0

ISBN 3-332-00128-0
ISSN 0232-7724

1. Auflage 1987
1.–30. Tausend. Alle Rechte vorbehalten
© Urania-Verlag Leipzig, Jena, Berlin
Verlag für populärwissenschaftliche Literatur Leipzig 1987
VLN 212-475/66/87   LSV 149 9
Lektor: Ewald Oetzel
Einbandreihenentwurf: Helmut Selle
Typografie: Marion Krahmer
Fotos: Deutsche Staatsbibliothek Berlin; Rothenberg (36, 95);
Domstiftsarchiv Brandenburg/Havel (110); Museum für Ur- und
Frühgeschichte Schwerin; A. Bötefür (14); Sächsische Landesbi-
bliothek Dresden/Deutsche Fotothek (31); Staatliche Kunst-
sammlungen zu Dresden/Mathemat.-Physikalischer Salon; Eber-
hard Buschmann (79); Staatliche Museen zu Berlin/Vorderasia-
tische Abteilung (24); alle anderen: Archiv des Autors
Printed in the German Democratic Republic
Gesamtherstellung: INTERDRUCK Graphischer Großbetrieb
Leipzig, Betrieb der ausgezeichneten Qualitätsarbeit, III/18/97
Best.-Nr. 654 156 6
00450

Inhalt

4

Eine »teuflische Kunst«?

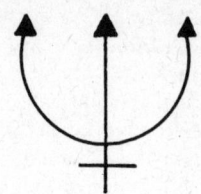

Begeistert als höchste Kunst gepriesen, als Blendwerk des Teufels verdammt – die Astrologie; mit dem Mantel eines ehrfurchtgebietenden Alters geziert oder getarnt; einstmals auf dem Höhepunkt wissenschaftlicher Forschung mit vielen wichtigen weltanschaulichen Ahnungen durchsetzt und genauso niederdrückendes Gestirnsschicksal. Eine Kette von Widersprüchen durchzieht die Geschichte der Astrologie bis hin zum heutigen Mißbrauch für politische und finanzielle Gewinne.

Diese Widersprüchlichkeit zwingt uns zu einem stets historisch konkreten Urteil. Pauschale Wertungen führen nur in die Irre. Dieses Büchlein soll etwas Verständnis für die Astrologie wecken. Nicht in der Hinsicht, daß der Astrologie im System der heutigen Wissenschaft ein Platz zugewiesen werden soll. Verständnis heißt hier vornehmlich: Begreifen, wie die Menschen vergangener Jahrhunderte zu einer Lehre kommen konnten, die uns heute z. T. so unbegreiflich, ja sogar widersinnig erscheint. »Wie konnten die Menschen so dumm sein, anzunehmen, das Schicksal liege in den Sternen?« – hört man gelegentlich. Bei solchen Urteilen ist Vorsicht geboten! Allzuleicht gerät der Wissensstand der heutigen Zeit zum Maßstab der Beurteilung eines mittelalterlichen Gelehrten. Richtig ist es dementgegen, die Astrologie als Erscheinung der Wissenschaftsgeschichte, weiter gefaßt der Kulturgeschichte zu begreifen, die aus den Bedingungen ihrer Zeit zu verstehen ist. Lange galt sie im öffentlichen Bewußtsein als hochachtbare Lehre und erfreute sich der Förderung von Päpsten, Kaiser, Königen und Universitäten. Und schließlich: Möchte nicht jeder Mensch wenigstens etwas von dem wissen, was ihm die Zukunft bringt? Außerdem schien es so, daß die Astrologie ebenso wie für das Einzelschicksal auch Vorhersagen für das Wetter, die Ernte, für ein nützliches, also erfolgversprechendes Handeln im alltäglichen Leben geben könne. Sollte dies nicht Grund genug für den Menschen der Antike und des Mittelalters sein, sich intensiv dem Studium der Gestirne zu widmen oder wenigstens aufmerksam den astrologischen Jahreskalender zu Rate zu ziehen?

Die Resultate heutiger Forschungen der Astrophysik lassen uns langsam erkennen, in welcher Weise der Mensch tatsächlich ein kosmisches Wesen ist, in seinem natürlichen Leben an Bedingungen und Prozesse des Kosmos geknüpft. Daraus erwachsen ganz neue Einsichten in die Einheit des Weltganzen. Der Kosmos beginnt nicht außerhalb der Erde, sondern wir sind ein Teil des Kosmos.

Solange weder die notwendigen Ergebnisse astronomischer Forschung noch die Verallgemeinerungen der Philosophie greifbar waren, mußte der Gedanke der Stellung des Menschen in einem »kosmischen Organismus« zwangsläufig spekulativ bleiben. Die Astrologie in ihrer ganzen buntschillernden Vielfalt ist ein Ausdruck dieser Weltsicht.

Der Autor dankt Herrn Professor Dr. Hans Oleak (Potsdam-Babelsberg) und Herrn Dr. Gotthard Strohmaier (Berlin) für ihre hilfreichen Gutachten sowie Frau Claudia Hamel für die kritische Durchsicht des Manuskripts und viele wertvolle Hinweise.

»Welch Glück,
ich bin Merkur ...«

»... und meine Liebste Venus!« mag vor mehr als 400 Jahren der Benutzer eines heute in Gotha aufbewahrten astrologischen Kalenders gedacht haben, und er schrieb in den Text: »Ego mercurius ipsa venus.« Sein befreites Aufatmen verwundert uns nicht, denn Gutes wußte sein Büchlein z. B. für die »Kinder« des Mars nicht zu bieten.

    »Ich bin zornig, mager, hellig
    Hytzig, kriegerisch, mißhellig
    Ich stech, schlag, streit oder fecht
    Also tut auch mein geschlecht
    So ich in meinen heusern ston
    Dem widder und dem scorpion
    So wirk ich fasst nach meiner art
    Ich mach krieg und widerpart
    also thund meine kind
    Prennen, rauben und morden
    Übel thun das ist mein orden.«[1]

Und was ist über Venus gesagt? »Ich stille krieg und auch neid und bin frölich zu aller zeit.« Etwas unentschieden ist dagegen der wechselhafte Merkur: »Mit den guten bin ich gut, den bösen stärk ich iren mut. Mein Kind hübsch und können schreiben und bey den Leuten freud treiben. Selig und weise mach ich den mann darzu, das er wol reden kan.« Da kann man sich freuen, etwas Sonneneinfluß zu haben: »Ich bin glückselig, edel und fein, also seinn auch die kinder mein« oder am besten

---

1 Grammatik und Orthographie älterer Texte werden weitgehend beibehalten und nur gelegentlich zum besseren Verständnis geringfügig verändert.

Venus.

Die Liebesgöttin Venus geleitet zu Gesang, Liebe und allerlei Kurz-
weil. Kupferstich von Georg Pencz, um 1530

den Jupiter als Spender echten Glücks zum Geburtsge-
stirn: »Züchtig, tugendhafft und gut, sitig, weise und wol-
gemut, kunstreich bin ich und meine kinder alle. Ehr und
gut kan ich geben, Schauer, wetter und lannges leben.«

Weder in der Vergangenheit noch heute gibt es die Astrologie als allgemeines Lehrsystem. Nicht jeder Astrologe behauptet, im Detail das Schicksal aus den Sternen ablesen zu können. Im Gegensatz zur mittelalterlichen Volksastrologie, die auf dem Grundsatz der vollständigen Abhängigkeit des Schicksals von den Sternen beruht, reduziert die »gelehrte Sterndeutung« die kosmischen Einflüsse auf die Vorgabe einer Tendenz. Während in der von Bildungsprivilegien der feudalen Gesellschaft begünstigten Oberschicht der Grundsatz »Die Sterne machen nur geneigt, aber sie zwingen nicht« weite Anerkennung fand, blieb nach der Auffassung der Volksastrologie dem Menschen wenig Freiheit. Fast das ganze Leben war vom Einfluß der Gestirne beherrscht, hinter dem in der christlich geprägten Astrologie der Wille Gottes stand, der sich in Himmelszeichen offenbarte.

Ein Magister mit seinem Schüler beim Unterricht in der Astronomie. Die Astronomie zählte im Mittelalter zu den Grundstudienfächern (»septem artes liberales«), die alle Studenten zu absolvieren hatten. Nach: Lucidarius, Augsburg 1479

Neben der christlichen Religion hat wohl nichts das Denken und Handeln der Menschen im Mittelalter so sehr beeinflußt wie die Astrologie. Kein Bereich des Geistes blieb von ihr unberührt. Gleich, ob Medizin, Wettervorhersage, Alchimie, Theologie, Politik, Geschichte, Kalenderwesen – überall spielten astrologische Gesichtspunkte eine deutliche oder gar dominierende Rolle.

Die Astrologie ist eine bedeutende Erscheinung in der Kulturgeschichte der Menschheit, und sie muß aus den jeweiligen Bedingungen der Zeit begriffen werden. »... alles was entsteht, ist wert, daß es zugrunde geht«, schrieb Goethe im »Faust«, und Friedrich Engels merkte in seiner Arbeit »Ludwig Feuerbach und der Ausgang der klassischen deutschen Philosophie« mit Bezug auf Goethe an: »Jede Stufe ist notwendig, also berechtigt für die Zeit und die Bedingungen, denen sie ihren Ursprung verdankt; aber sie wird hinfällig und unberechtigt gegenüber neuen, höheren Bedingungen.«

Vorformen der Astrologie finden wir in den ur- und frühgeschichtlichen Gestirnskulten mit ihrer vereinfachenden Vorstellung von der engen Beziehung des Menschen zur Natur, einschließlich der Himmelskörper. Die Vorstellung vom »kosmischen Organismus«, wie er in der späteren »gelehrten Sterndeutung« zum Ausdruck kommt, ist eine Erahnung der Einheit der Welt. Solange diese nicht mit den Mitteln moderner Forschung und darauf aufbauender philosophischer Verarbeitung erfaßbar war, mußte sich diese Universalität in z. T. phantastischen Konstruktionen äußern. Auch die Astrologie ist hier historisch einzuordnen. Seit dem Ende des 17. Jahrhunderts verlor sie jedoch ihre Existenzberechtigung. Die entstehende bürgerliche Gesellschaft machte neue ideologische Ansprüche geltend. Die Fortschritte der astronomischen Forschung brachten wesentliche neue Erkenntnisse, die das Weltbild entscheidend veränderten. Dennoch bleibt die Astrologie als historische Erscheinung ein interessantes Feld der Forschung. »Man verliert nicht seine Zeit, wenn man untersucht, womit Andere ihre Zeit verloren haben«, so entschuldigte 1899 ein französischer Historiker seine Beschäftigung mit der Astrologie. Eine solche verschämte Begründung ist heute nicht mehr notwendig. Daß die Geschichte der Astrologie *kein* Beitrag zur Geschichte der menschlichen Narrheit ist, stellte schon Franz Boll, einer der besten wissenschaftlichen Kenner dieses Gebietes kategorisch fest, und dem ist nicht zu widersprechen. Wie wir jedoch über heutige Horoskopsteller zu urteilen haben, werden wir sehen.

Der Himmel
über Großsteingräbern und Pyramiden

An manchen Bauten vergangener Epochen finden wir Visuren in Richtung zum Auf- und Untergangsort der Sonne am Tag der Frühlings- und Herbst-Tagundnachtgleiche (Frühlings- bzw. Herbstanfang) sowie im Sommer- und Wintersolstitium (Sommer- bzw. Winteranfang). Für solche Ortungslinien sind gelegentlich gewaltige Steinsetzungen angelegt worden, von denen wohl Stonehenge in England die bekannteste ist. Die Hauptvisur weist in Richtung des Sonnenaufgangs zur Wintersonnenwende. Gewaltige Steinblöcke, bis zu 7 m hoch, wurden zu einer mehrfach gegliederten Anlage zusammengefügt. Ähnliche Steinkreise, wenn auch weniger imposant, gibt es im Nordwesten Europas in großer Zahl.

Die Sitte, kultische Bauwerke nach astronomischen Daten auszurichten, findet sich in allen Erdteilen. Die mittelamerikanische Maya-Tempelanlage in Uaxactún scheint ein riesiges Sonnenobservatorium zu sein. Steht man auf der Pyramide VII, ist der Sonnenaufgang zu verschiedenen Jahreszeiten in der Richtung dreier anderer Tempel zu sehen: über dem nördlichen am Sommeranfang, dem mittleren zu den Tagundnachtgleichen und über dem südlichen zum Winteranfang. Die Hopi-Indianer errichteten im Chaco Canyon (USA-Staat New Mexico) ein Gebäude, an dem durch ein »Felsspalten-Visier« die Sonne in ihrem nordöstlichsten Aufgang wahrgenommen werden kann. Der Beobachtungsplatz ist mit einem Sonnensymbol gekennzeichnet.

Steinkreise gibt es auch in Kenia, wo alte kuschitische Völker Visuren für Sternaufgänge festgelegt haben, mit deren Hilfe sie ihren Kalender einrichteten.

Großsteingrab im Eversdorfer Forst, Kreis Grevesmühlen

Alle diese Orte der Sonnen-, Mond- oder Sternbeobachtung waren aber nicht nur Observatorien, sondern vor allem Kultstätten. Denn der Mensch der Frühzeit sah die Himmelskörper nicht als physikalische Objekte, sondern als wirkende Subjekte an, mit denen er sich auseinanderzusetzen hatte.

Schon sehr früh war der Zusammenhang zwischen dem Sonnenstand und der Temperatur bekannt. Später trat die Erkenntnis hinzu, daß im Wechsel der Jahreszeiten der Himmel sein Aussehen verändert: Im Frühling sind andere Sternbilder sichtbar als im Winter, Herbst oder Sommer.

Die Beobachtung der Korrelation zwischen dem irdischen Jahreszeitenzyklus und den periodischen Abläufen in der Bewegung der Himmelskörper hatte weitreichende Folgen. Dem Menschen erschien es als zweckmäßig, als günstig für seine Existenz, eine Vielzahl von Tätigkeiten zum Nahrungserwerb sowie andere lebensnotwendige Arbeiten nach Geschehnissen am Himmel einzurichten. Die Gestirne wurden ihm zum Kalender. Sehr prägnant ausgebildet war dies im alten Ägypten. In der Mitte des 4. Jahrtausends v. u. Z. fiel z. B. die Nilschwelle etwa mit der Sommersonnenwende und dem »heliakischen Aufgang«[1] des hellen Sterns Sirius im Sternbild »Großer Hund« zusammen. Mit diesem Tag begann damals das Sonnenjahr. Somit kündete der heliakische Aufgang des Sirius die alljährlich wiederkehrende Nilüberschwemmung an, mit der der fruchtbare Schlamm auf die Felder kam. Eine Inschrift am Tempel von Dendera bezeichnet Sirius als »Isis, die Große, die Gottesmutter, welche schwellen macht den Nil zur Zeit, wann sie erglänzt am Anfang des Jahres«.

In diesem Weltbild war Sirius nicht der zufällige Ankünder der Nilüberschwemmung, sondern er trat in der Vorstellung der Menschen an die Stelle des Verursachers. Darin müssen wir einen grundsätzlichen Zug im Denken des Menschen der Urgesellschaft und der frühen Kulturen sehen: Das zeitliche Nacheinander wurde zu einem Ursache-Wirkungs-Komplex. Weil die Sterne des Frühlingshimmels dem Erwachen der Natur zeitlich vorausgehen, wurden sie auch als Verursacher der wärmeren Jahreszeit betrachtet, denn die Menschen hatten von physikalischen Kräften und biologischem Wachstum noch keine Kenntnisse und sahen in allen natürlichen Beziehungen das Walten von bewußt tätigen Wesen.

Eine »Vergötterung« des Himmels lag aus noch einem anderen Grund nahe: Auf der Erde herrscht ein ständiges Werden und Vergehen. Alle hier erkennbaren Zyklen sowohl der Vegetation als auch des menschlichen und tierischen Lebens sind stets mit vielen zufälligen Abweichungen behaftet – denn der Ablauf der Jahreszeiten ist alles andere als starr. Einmal scheint ein Winter fast ganz auszufallen, ein anderes Mal zieht er sich fast endlos hin; manche Menschen werden früh von Krankheit befallen und sterben, andere erhalten sich lange ihre geistige und körperliche Frische.

Ganz anders der Himmel! Hier beeindruckte die scheinbar absolute Konstanz der Bewegung, die Harmonie des Firmaments. Hier herrscht eine »Ordnung«, die

1 der erste Tag, an dem ein Stern wegen der scheinbaren Jahresbewegung der Sonne gegenüber dem Sternhimmel kurz vor Sonnenaufgang beobachtet werden kann

Die erste morgendliche Sichtbarkeit des Sirius im Sternbild »Großer Hund« leitete im alten Ägypten nicht nur die Nilüberschwemmung, sondern auch die heißeste Jahreszeit ein. Noch heute kennen wir den Begriff »Hundstage«. Nach einer Darstellung in: Aratus, Opus poeticae, Leyden 1600

stärker ist als menschliches Vermögen. Nichts scheint sich hier zu verändern, weder die Helligkeit der Sterne noch die Sternbilder und der Lauf der Sonne, des Mondes und der Planeten. Dadurch rückte der Himmel als etwas Überirdisches, »Göttliches«, in das Denken.

Die frühe Astronomie ist zu einem bedeutenden Teil Kalenderrechnung. In erster Linie wurde das Jahr nach dem Mond- und Sonnenlauf geteilt. Der Bauer konnte nach den Stellungen der Himmelskörper die Zeiten der Aussaat und der Ernte bestimmen, aber auch abschätzen, wieviel Zeit noch bis zur nächsten Fruchtreife verstreichen würde und wie lange die Vorräte reichen müßten. Für diese Tätigkeiten gibt der Lauf der Gestirne viel besser Auskunft als Witterungserscheinungen.

Neben der Sonne spielte der Mond sehr früh eine wichtige Rolle als Kalendergestirn, bei vielen Völkern stand er sogar an erster Stelle. Während der Sonnenlauf die große Jahresperiode anzeigte, boten die Mondphasen eine auffällige Möglichkeit zur Unterteilung des Jahres.

Wenn nun die Sonne und die Sichtbarkeitszyklen der

Sterne eine (tatsächliche bzw. scheinbare) Auswirkung auf alles irdische Leben zu besitzen schienen, sollte dies nicht auch für die Mondphasen zutreffen? Gerade dem eigenartigen Spiel der Lichtgestalten dieses Himmelskörpers haftete etwas Geheimnisvolles an. Durch den Wechsel von Vollmond, abnehmendem Mond, Neumond und zunehmendem Mond weist er die einzige Gestaltveränderung am Himmel auf, ein Phänomen, das die Menschen jener Zeit noch nicht als Beleuchtungserscheinung im Wechselspiel der Stellung von Sonne und Mond zu erkennen vermochten, sondern als Tod und Wiedergeburt des Nachtgestirns deuteten. So wurde aus dem Mond das Symbol des Lebens, der Fruchtbarkeit und des Todes. Mit ihm verband sich die Vorstellung vom Vogel Phoenix, der den Flammentod stirbt und aus seiner Asche neugeboren emporsteigt. Rudolf Drößler schreibt dazu: »Das ist das uralte Thema von der Liebe zwischen Mond und Sonne. Meistens wird es so erzählt, daß die Mondfrau dem strahlenden Geliebten hinterherläuft und schließlich, sich selbst aufgebend und verzehrend, in seine Flammenarme stürzt. Doch der Sonnenmann läßt seine Geliebte wieder frei, nachdem er ihr Lebenslicht

Astronomisch-astrologische Inschrift am Tempel von Dendera (Ägypten): »Die göttliche Sopedet (Sothis), die große, die Herrin des Neujahres, die Tochter des Rā, Isis, die Herrin des Himmels,
zur Zeit aufgehend, um ein glückliches Jahr zu eröffnen,
zieht sie friedlich dahin hinter ihrem Bruder,
dem Gotte als Sāhu-Gestirn (Orion). Ihr Sohn Horus (erscheint) als die Sonne, in Ewigkeit hin.«

17

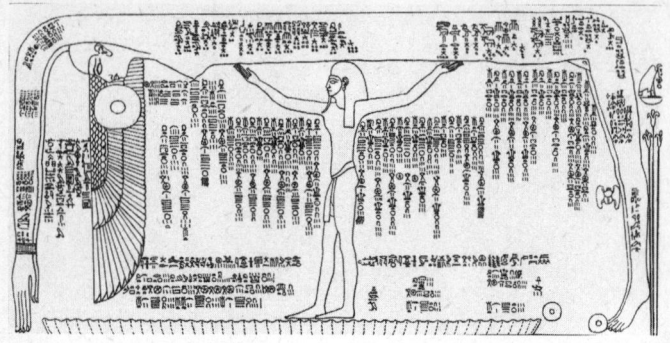

Darstellung von Sternaufgängen am Grab des Pharaos Ramses IV.

neu angezündet hat. Zum Dank entfaltet sie sich nun immer mehr, bis sie ihrem Gatten in aller Pracht gegenübersteht. Dann hält sie es nicht mehr aus und eilt erneut in seine Umarmung. Ein ewiges Werben, Geben und Nehmen also, zu dem auch die Liebenden auf Erden emporblicken.«

Im Verständnis der Einheit der Welt, wie es der Mensch früher Epochen entwickelte, ist der Gedanke der Abhängigkeit irdischer Wachstumsprozesse vom Mond gar nicht so abwegig, zumal er durch weitere, zufällige Korrelationen unterstützt wird, z. B. durch die Übereinstimmung der Dauer des Mondphasenwechsels (29,5 Tage) mit dem Menstruationszyklus von rund 28 Tagen (28,3 ± 5,4 Tage). Auch ein Feuchtigkeitsbringer schien der Mond zu sein. Leuchtet er am Himmel, kühlt die Erde wegen der fehlenden Wolkenschicht stärker aus. Dadurch sinkt das Wasseraufnahmevermögen der Luft, und es schlägt Tau nieder. Noch heute hört man gelegentlich: »Wenn der Vollmond scheint, wird es kalt.« Mit dem Mond hat dies ursächlich nichts zu tun.

Schon in sehr früher Zeit wurde die Fruchtbarkeit der Stiere mit dem Mond in Verbindung gebracht, sieht es doch so aus, als würden die »Hörner« des Halbmondes die des Stiers oder Bisons nachbilden. Aus dem Mesolithikum (etwa 10 000–4 000 v. u. Z.) sind zahlreiche »Venusfiguren« erhalten geblieben. Sie zeigen nicht wirkliche Frauen, sondern sind magische Symbole für den Fruchtbarkeitskult, eine Deutung, die durch die übertriebene Darstellung der Geschlechtsmerkmale naheliegt. Vielleicht stellen sie auch schwangere Frauen dar. Eine der ältesten Figuren dieser Art ist die »Venus von Laussell«, vor etwa 16 000 bis 20 000 Jahren geformt. In der erhobenen rechten Hand hält sie ein Bisonhorn. – Ein nachgebildetes »Mondhorn«? – Allgemein wird auch das in späterer slawischer und germanischer Mythologie eine Rolle spielende Füllhorn als »Stier-Mond-Horn« und damit als Symbol der Fruchtbarkeit angesehen.

Sternbilder des Nordhimmels an der Decke der Sargkammer König Sethos' I. (etwa 1305–1291 v. u. Z.) Im Mittelpunkt steht das Sternbild des Großen Bären im ägyptischen Bild des Rindes. Die anderen Sternbilder, Nilpferdweibchen, Löwe, Krokodile, lassen sich nicht mehr sicher identifizieren. Die Göttergruppen rechts und links personifizieren die Tage des Mondmonats.

Die »astronomischen« Decken in Königsgräbern und Totentempeln dienten in erster Linie nicht der astronomisch exakten Messung der Nachtstunden. In dem Kreislauf der Sterne, ihrem regelmäßigen Schwinden und Wiederkehren, sah der Ägypter vor allem Zeichen und Garantie seiner Hoffnung auf Auferstehung und Weiterleben nach dem Tod.

Die kultische Verehrung der Gestirne und ihre magische Anrufung waren kein Produkt der Furcht vor einer feindlichen Umwelt, sondern der Versuch, sich in ein aktives Verhältnis zur Umwelt, damit auch zum Himmel zu

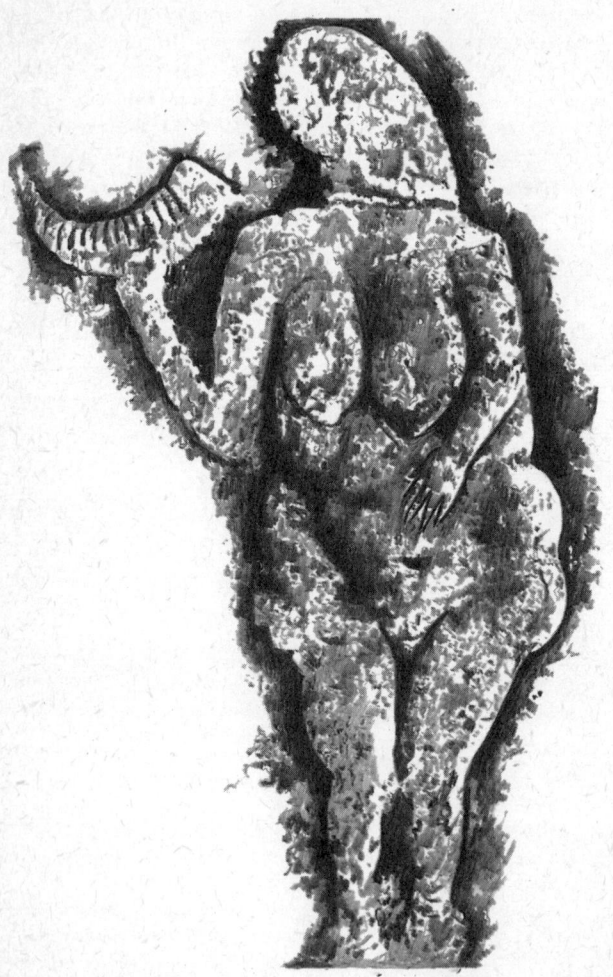

Die steinzeitliche »Venus von Laussell«, ein Fruchtbarkeitssymbol mit »Bison-Mond-Horn«

setzen und Einfluß auf die Natur zu nehmen. War dies auch nur eine eingebildete Aktivität, mußte sie doch das Selbstwertgefühl stärken, zumal die durch Rituale gewünschten Ereignisse meistens eintraten – infolge der jahreszeitlichen Veränderungen. Der damit verbundene Gestirnskult war ein wesentliches Kennzeichen des menschlichen Strebens nach Erkenntnis der Naturerscheinungen, ihres Wesens und Zusammenhangs in einer Epoche naiver Naturbetrachtung.

Aus dem oft sehr zähen Ringen unserer Vorfahren um die Sicherung ihres Lebensunterhalts entwickelte sich eine sehr verzweigte Vorstellung von der Einheit der Welt. Darin war der Mensch eng mit dem Himmel verbunden. Die als übernatürliche Wesen gedachten Himmelskörper wurden zu einem grundlegenden Bestandteil des täglichen Lebens. In jenen frühen Zeiten gab es aber noch keine Schicksalsdeutung von der Art, die wir von der Astrologie her kennen. Die erste Form einer Voraussagen treffenden Erklärung von Gestirnspositionen entstand in Babylon.

»Was in den Sternen steht ...«

»Wenn Venus in ihrem Feuerlicht die Brust des Skorpions beleuchtet, dessen Schwanz dunkel ist und dessen Hörner hell leuchten, so wird Regen und Hochflut das Land verwüsten. Heuschrecken werden kommen und das Land verwüsten. Ochsen und Großvieh wird dezimiert werden.« So heißt es in einem Keilschrifttext aus der Omensammlung »Enuma Anu [il]Enlil«, so benannt nach den Anfangsworten: »Als Anu, Enlil und Ea, die großen Götter, nach ihrem Ratschluß die Orakel des Himmels und der Erde niedergelegt hatten.« Diese Sammlung ist Bestandteil der 1847 in der Nähe der Stadt Ninive aufgefundenen ältesten Bibliothek der Welt des Ašurbanipal, des Königs von Assyrien und Babylon (669–626 v. u. Z.). Unter den 25 000 Tontäfelchen fanden sich etwa 7 000 Omen-Zeichen, d. h. Vorhersagen aus der Stellung der Gestirne am Himmel, deren erste Aufzeichnung um 2 000 v. u. Z. erfolgte. Das zitierte Beispiel macht den Grundaufbau dieser Art astrologischer Prognosen deutlich: Während im ersten Teil eine bestimmte Gestirnskonstellation oder das Aussehen eines Himmelskörpers beschrieben wird, folgt im zweiten die Schlußfolgerung für irdische Ereignisse nach dem einfachen Schema »Wenn – dann«. Vorausgesagt wurden vor allem Ernteaussichten, Krieg und Frieden, Seuchen, die Witterung sowie Leben und Tod der Herrscher. Der Tierkreis, eines der Grundelemente der späteren Nativitäten (Geburtshoroskope, von lat. natus, Geburt, Alter), findet sich hier noch nicht.

»Ominös« war dem babylonischen Priesterastrologen das Außergewöhnliche, in dem sich der Wille der Götter äußerte. Da alles Naturgeschehen »regelmäßig« verläuft, müssen Ausnahmen auffällig – eben ominös – sein und etwas zu bedeuten haben. Mußte ein irdisches Ereignis, das sich etwa zeitgleich mit einer bestimmten Erscheinung am Himmel vollzog, nicht wieder eintreten, wenn sich die Himmelserscheinung wiederholte? Daher notierten die Priester dieses Zusammentreffen sorgfältig, um zu wissen, was der Voraussage gemäß passierte. Im Laufe der Zeit entstanden umfangreiche Sammlungen, wie die des Königs Ašurbanipal. Diese Omina, besonders die Sammlung Enuma Anu [il]Enlil, »ein Kompendium der babylonischen Astrologie«, gewannen eine erstaunliche Autorität, und jahrhundertelang griffen die assyrischen Könige darauf zurück, um sich über die Bedeutung der Zeichen am Himmel zu informieren.

Die babylonische Omenastrologie ist nur vor dem Hintergrund der Gestirnsreligion jener Zeit zu verstehen, wie überhaupt jedes astrologische System in untrennbarem Zusammenhang mit religiösen Vorstellungen steht. Denn wenn die Himmelskörper als tätige Wesen gedacht werden, die in das Schicksal der Menschen eingreifen, muß ihnen eine über der Welt stehende Macht zukommen.

Die Babylonier prägten die Gestirnsgötter mit den Zuordnungen, wie sie die Astrologie mit wenigen Änderungen bis heute beibehielt: Der Mondgott Sin war der Herr über das Pflanzenwachstum, der die Zeit und die Geschicke der Menschen lenkt. Die Sonne wurde als Gott Šamaš, Sohn des Mondgottes, Herr über das Leben, die Gerechtigkeit und die Weissagung, verehrt. Die dritte Hauptgottheit dieser vorchristlichen Trinität war Ištar, Tochter des Mondgottes, die sich im »Venusstern« offenbart. Ištar galt schon hier als Liebesgöttin, wie es in dem Omen: »Wenn Venus hoch steht, Glück der Begattung« zum Ausdruck kommt. Mars war der unheilbringende Unterweltgott Nergal. In Keilschrifttexten erscheint er als »der elamische Stern« (Elam, politischer Feind von Babylon), »der von Tod strotzende Stern«, der »unberechenbare Stern«. Von seinem verderblichen Einfluß sagt ein Omen: »Strahlt Mars in hellem Glanze auf, so wird das Vieh von Amurri (Syrien und Palästina) zugrunde gehen.« Jupiter manifestierte sich im Schöpfergott Marduk,

Die Sternbilder Löwe und Wasserschlange, hier als Ritzzeichnung auf einer Keilschrifttafel aus dem 3. Jh. v. u. Z., gehören zu den ältesten benannten Tierkreissternbildern.

der in Babylon als höchster Gott verehrt wurde. Sein Sohn war Merkur, Herr der Wissenschaften und der wahrsagenden Künste, während Saturn als die »müde gewordene Sonne« angesehen wurde.

Den Einfluß der Gestirnsgeister hofften die Babylonier durch Gebete und Opfer herbeizurufen bzw. abzuwenden. Sündigte ein Mensch, so verließ sein Schutzgeist ihn, und böse Mächte konnten die Oberhand erringen.

Zwischen Astronomie und Astrologie bestanden im alten Babylon intensive Wechselwirkungen. Astronomie war hier vollständig der astrologischen Zwecksetzung unterworfen. Die Priester eigneten sich Kenntnisse des gestirnten Himmels, des Laufes der Planeten, der Sonne und des Mondes an, um den Willen der Götter zu erkunden. Das verschaffte ihnen einerseits eine bevorzugte soziale Position und führte andererseits zu einem unschätzbaren Beobachtungsmaterial, das später systematische astronomische Berechnungen ermöglichte. Die seit dem 8. Jahrhundert v. u. Z. lückenlos überlieferten Finsternis-Aufzeichnungen standen z. B. Claudius Ptolemäus (um 90–um 160) zur Verfügung. Die sorgfältigen Gestirnsregistrierungen aus astrologischer Motivation führten schon in altbabylonischer Zeit zu einer Genauigkeit, von der

24

Claudius Ptolemäus, von der Astronomia, der wissenschaftlichen Sternkunde, geleitet, bei der Gestirnsbeobachtung mit einem Quadranten. Ptolemäus vollendete die antike Astronomie und Astrologie, wie sie bis ins 16./17. Jahrhundert allgemein anerkannt war. Nach einer Darstellung in: Gregor Reisch, Margarita philosophica nova, Straßburg 1508

Weidner urteilte, daß sie »der Meßkunst der hellenistischen Griechen in der alexandrinischen Periode durchaus überlegen war«.

Doch die Omenastrologie beruht auf einem recht aufwendigen Verfahren – dem Vergleich mit älteren Beispielen und darauffolgender Deutung. Eine Systematisierung des vermeintlichen Gestirnseinflusses in Form von verallgemeinerten Einzelbeobachtungen und Regeln gab es noch nicht. Die Priesterastrologen waren zwar zu exakten Beobachtungen befähigt, doch fehlte ihnen die Möglichkeit, Gestirnsörter für die Zukunft oder die Vergangenheit mit genügender Genauigkeit zu berechnen. Diese Berechenbarkeit ist aber eine unabdingbare Voraussetzung für die *Geburtsastrologie*. Denn ereignet sich eine Geburt bei Tage oder bei bedecktem Nachthimmel, kann nur die Errechnung zu den gewünschten Daten führen. Das gilt auch, wenn die Nativität im nachhinein ermittelt werden soll. Eine ausreichende Kenntnis von den Auf- und Untergängen der Himmelskörper sowie den Sichtbarkeitsperioden der Venus gewannen die Babylonier zwar schon zwischen 1400 und 900 v. u. Z., Planetenephemeriden mit genauen Positionen lagen jedoch erst seit dem 4. Jahrhundert v. u. Z. vor. Aber das bedeutete auch schon das Ende der alten Omenastrologie, denn was berechnet werden konnte, war nicht mehr ominös!

Die babylonische Astrologie beruhte also auf einem niedrigen Stand der rechnenden Astronomie. Daraus folgt auch die Dominanz von Vorhersagen allgemeiner Art. Die Deutung des Schicksals einzelner Menschen beschränkte sich auf das Leben der Herrscher.

Die systematische Ausbildung der Geburtsastrologie erfolgte dann im alten Griechenland. Im Gegensatz zum Weltbild der gelehrten Oberschicht Ägyptens und Babylons waren die frühen griechischen Denker des 7./6. Jahrhunderts v. u. Z., deren Lehren wir aus wenigen Bruchstücken kennen, der Astrologie wenig zugetan. Dennoch wäre es vorschnell geurteilt, daraus den Schluß zu ziehen, daß der astrologische Gedanke im weitesten Sinne bei den Griechen keine Tradition gehabt hätte.

Die Vorstellung, irdische Vorgänge seien vom Himmel abhängig, war dem griechischen Menschen durchaus nicht fremd. Das spätere rasche Vordringen der babylonisch-ägyptischen Astrologie im hellenistischen Griechenland war dadurch vorbereitet.

Im Gegensatz zu den ägyptischen und babylonischen Göttern hatten die griechischen jedoch nur eine lockere

Beziehung zum Himmel. Aber auch die homerischen Götter waren personifizierte kosmische »Urmächte«, Uranos verkörperte den Himmel und Gaia die Erde, und die nach den Titanenkämpfen zur Macht gelangten »neuen« Götter hatten ihr Domizil nicht nur auf dem Olymp, sondern auch im Himmel.

Von alters her waren die Gestirne den griechischen Bauern und Seefahrern gut bekannt. Sie hatten ein praktisches Interesse an der Beobachtung der Himmelserscheinungen, ermöglichten doch die Gestirne die Kalenderrechnung und die Orientierung auf See. Davon haben wir aus der Schrift »Werke und Tage« des altgriechischen Dichters Hesiod (um 700 v.u.Z.) Kenntnis; es heißt da:

»Wenn das Gestirn der Pleiaden, der Atlastöchter, emporsteigt, dann beginne die Ernte, doch pflüge, wenn sie hinabgehn. Vierzig Nächte und Tage hindurch sind diese verborgen, doch wenn im kreisenden Laufe des Jahres sie wieder erscheinen, dann beginne, die Sichel zur neuen Ernte zu wetzen.«

In Hesiods Götterlehre treten die Götter als personifizierte Naturkräfte auf. Gaia, die Erde, gebar den gestirnten Uranos, damit er sie umhülle und für immer den Göttern ein sicherer Wohnsitz sei, und Eos, die Göttin der Morgenröte, gebar dem Sternengott Astraios die Winde.

»Günstige« und »ungünstige« Tage für Zeugung und Geburt der Kinder sowie für praktische Tätigkeiten im Haus und auf dem Feld zu wählen war den Zeitgenossen Hesiods geläufig, ebenso die Zukunftsdeutung aus dem Vogelflug und den mystisch-dunklen Orakelsprüchen.

In der »Ilias« berichtet Homer, daß sich Troer und Achaier beim Anblick eines »unzählige Funken« versprühenden Meteors (oder eines Kometen?) die bange Frage stellten: »Soll nun wieder verderblicher Krieg und wildes Getümmel herrschen?«

In dieser Denkweise dürfen wir ein Stück des Weltbildes der griechischen Menschen jener Zeit sehen, wie es auch andere Erzählungen belegen: Der Feldherr Nikias führte 413 v.u.Z. durch seine Angst vor einer Mondfinsternis das Unglück der Athener herbei, weil er wegen dieses »schrecklichen Vorzeichens« das Auslaufen der Athener Flotte um einen Monat verzögerte und dadurch die Spartaner Flotte und Heer ihrer Widersacher vernichtend schlagen konnten.

Pindar dichtete für die Thebaner ein Lied, um die Götter zu beschwichtigen, die am 30. April 463 v. u. Z. den Menschen ihren Groll gezeigt hatten, indem sie die Sonne verfinsterten:

»Strahl der Sonne, was hast du ersonnen, vielschauender,
Mutter der Augen, o Stern, allerhöchster, daß
Am Tage hinweg du dich stiehlst? ...
Willst du, über den Frevelmut zürnend der Sterblichen,
Auslöschen ganz und gar heiligen Lebens Licht?
Ist's etwa, weil für einen Krieg du ein Zeichen gibst?«

Die göttliche Natur der Himmelskörper war im Athen des 5. Jahrhunderts v. u. Z. ein Grundpfeiler des öffentlichen Bewußtseins. Das bekam Anaxagoras, einer der bedeutendsten Vertreter der ionischen Naturphilosophie, zu spüren. In einer großartigen Spekulation erklärte er die Sterne für Felsmassen, die von der gewaltigen Strömung des Äthers um die im Zentrum der Welt gedachte Erde abgerissen worden waren. Als er daraufhin die Sonne als eine »glühende Masse«, den Mond als »Erde« bezeichnete und die Ursache für Finsternisse in Beleuchtungs- bzw. Abschattungsphänomenen erkannte, klagte man ihn ob dieser ketzerischen Lehren wegen Gottlosigkeit an. Nur die Fürsprache seines mächtigen Freundes Perikles rettete ihn vor dem Schicksal des Sokrates, der 399 v. u. Z. wegen »Einführung neuer Götter« hingerichtet worden war.

Seit dem 4. Jahrhundert v. u. Z. drang immer stärker Gedankengut der Kulte Vorderasiens nach Griechenland ein und mit ihm die Astrologie aus Ägypten und Babylon. Deren Aufnahme im Denken der Griechen vollzog sich rasch und gründlich. Neben der alten Lehre der Göttlichkeit der Himmelskörper und ihrer Vorbedeutung für den Menschen hatte daran auch die Seelenwanderungslehre der Orphiker im 8. und 7. Jahrhundert v. u. Z. einen Anteil. Nach dieser die Hoffnungen der niederen Bauernschaft Griechenlands verkörpernden Überlieferung mußte sich die im Körper gefangene Seele in mehreren irdischen Kreisläufen bewähren, um in die himmlische Versammlung der Seligen eingehen zu können. Die intensivste Förderung erhielt die Astrologie jedoch durch die Stoa, eine um 300 v. u. Z. entstandene Philosophenschule. Diese Richtung der Philosophie erblickte in der Astrologie einen wirkungsvollen Bundesgenossen. Der Lehre der Stoiker zufolge steht die gesamte Welt in einem Wirkungszusammenhang. Das Weltganze, der Mensch eingeschlossen, sei von einer durchgehenden Gesetzlichkeit beherrscht, ohne die nichts geschieht. Die Welt wird als ein lebendiger Organismus betrachtet. Dem Stoiker, dessen Ideal die Affektlosigkeit, der Seelenfrieden – die sprichwörtliche »stoische Ruhe« – ist, geben die Sterne die beste Möglichkeit der Schicksalserkenntnis. Denn wenn alles im Weltall aufeinander wirkt, müßte notwendigerweise den Gestirnen dabei die entscheidende Rolle zufallen.

Auch die Philosophie des Aristoteles (384–322 v. u. Z.) begünstigte die Astrologie. Zwar war dieser für einen Zeitraum von fast 2000 Jahren einflußreichste Denker der Griechen ein Gegner der fatalistischen Astrologie, doch fand der Gedanke des Wirkungszusammenhangs zwischen Himmel und Erde durch ihn große Verbreitung. Der Urgrund aller Bewegung, so lehrte Aristoteles, liege bei Gott. Dieser überträgt sie auf das Primum mobile, das »Erste Bewegte«. Auf diese Weise tritt die Bewegung in die Welt. Über die einzelnen Planetensphären wird sie bis auf die Erde weitergeleitet. So lag der Schluß nahe, daß die Stellung der Gestirne für die Ereignisse auf der Erde etwas zu bedeuten habe.

Durch Aristoteles erhielt die geozentrische Astronomie ihre physikalische Begründung. Die Erde steht demnach im Zentrum der Welt, weil ihr Mittelpunkt der »natürliche Ort« aller schweren Körper ist und sich die aus einem speziellen Elementarkörper bestehenden Gestirne auf Kreisen um die Erde bewegen. Nur die kreisförmige Bahn entspreche der göttlichen Natur der Himmelskörper.

Im Gefolge der Eroberungen weiter Teile Vorderasiens und Nordafrikas durch Alexander den Großen (356–323 v. u. Z.) kam es zu engen Wirtschafts- und Kulturverbindungen mit diesen Regionen, zur Übernahme fremder Kulte und Religionen. Um 280 v. u. Z. soll der babylonische Belpriester Berossos auf der Insel Kos eine

Astrologenschule gegründet und die Griechen in ihrer Muttersprache über die babylonischen Götter- und Schöpfungslehren sowie die astrologischen Weisheiten des Gottes Bel (Baal) belehrt haben. Es heißt, die Athener waren davon so beeindruckt, daß sie ihm eine Statue mit goldener Zunge setzen ließen.

Die auf ägyptische und babylonische Quellen zurückgehende griechische Sterndeutung konnte auf ein recht hoch entwickeltes Fundament der Kenntnis der Gestirnsbewegungen zurückgreifen. Im 4. Jahrhundert v. u. Z. hatte Eudoxos von Knidos die homozentrische Planetentheorie entwickelt, 150 Jahre später der Euklidschüler Apollonius von Perge die epizyklische Theorie der Planetenbewegung. Eine weitere Ausbildung erfuhr diese Planetentheorie durch Hipparch (2. Jh. v. u. Z.), den Entdecker der Präzession. Zu seiner Zeit wurden die Planeten – auch Mond und Sonne wurden dazugerechnet – nach ihren zunehmenden Umlaufzeiten um die Erde angeordnet: Mond – Merkur – Venus – Sonne – Mars – Jupiter – Saturn.

Die Astrologie eroberte sich das Denken der Griechen. Ihr Einfluß war bald überragend und nahm in der alten römischen Gesellschaft nur noch zu.

Die politischen und sozialen Unsicherheiten nach dem Verfall der griechischen Polisordnung, dem Niedergang der Stadtstaaten, und die Vorstellung von einem blinden, vernunftlosen Weltablauf ließen jede Art von Schicksalsglauben aufblühen, auch den astrologischen.

Der Glaube an ein allmächtiges Gestirnsschicksal wurde geradezu eine Modeerscheinung. Man trug »sein« Tierkreiszeichen an der Kette um den Hals oder auf dem Ring am Finger. Häuser waren mit astrologischen Wandgemälden geschmückt. Die Berufsbezeichnung der Astrologen als »Chaldäer« (nach ihrer Herkunft aus »Chaldäa«, wie Babylonien damals hieß) wurde zum Ehrennamen. Juvenal, der diese Verhältnisse vor 1800 Jahren mit Ironie schilderte, sprach von dem großen Zulauf, den die Chaldäer besaßen. Er warnte vor den Frauen, die ständig in einem Büchlein die Gestirnsörter nachschlugen, um sich selbst astrologisch beraten zu können. Fuhren sie bloß eine Meile von Rom weg, so meinte Juvenal, mußte

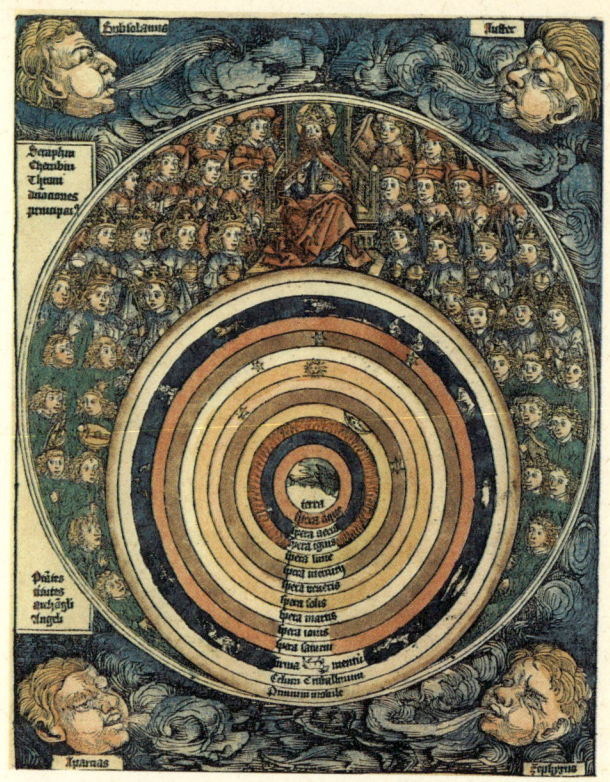

Das geozentrische Weltsystem: In der Weltmitte steht die Erde, umgeben von den Planetensphären (einschließlich der Sonne und des Mondes). Außerhalb der von der Sternsphäre abgeschlossenen Welt befindet sich das Paradies (aus Schedels Weltchronik, Nürnberg 1493).

erst die richtige Stunde ermittelt werden. Waren sie krank, aßen sie nur zu der Stunde, die ihnen Nechepso und Petosiris geraten hatten (unter den Namen dieses Pharaos und seines Oberpriesters florierte eine um 150 v. u. Z. entstandene populäre astrologische Schrift).

Doch auch die gelehrten Männer Roms standen fast ausnahmslos der Astrologie nahe: Cicero, Sallust, Lukrez, Vergil, Horaz u. v. a. Ovid schildert in seinen »Metamor-

phosen«, daß Venus, die Stammutter des Herrscherge-
schlechts der Julier, die Seele des ermordeten Julius Cä-
sar zum Himmel tragen wollte, jedoch unterwegs als
flammender Stern zu den Sphären aufstieg (kurz nach
dem Tode Cäsars erschien in Rom ein Komet).

Gegen die beim römischen Volke sehr populären
Astrologen kam es bald zu ersten Verboten. Im Jahre 139
v. u. Z. hatten gemäß einem Edikt des Fremdenprätors
alle Chaldäer binnen zehn Tagen Rom und den Boden
Italiens zu verlassen, weil sie »durch ihre schwindelhafte
Sterndeutung aus der Leichtgläubigkeit des Volkes einen
einträglichen Gewinn zögen«. Hinter der ganzen Welle
von Verboten und Ausweisungen, von denen im Laufe
der Jahrhunderte die Chaldäer im Römischen Weltreich
betroffen wurden, stand jedoch keine Kampfansage an
die Astrologie! Zum einen sollte die übermäßige Geschäf-
temacherei oder auch die mit den orientalischen Kulten
verbundene Anbetung fremder Götter eingedämmt werden. Andererseits ging es darum, astrologisch gefärbte politische Spekulationen zu verhindern, die gelegentlich im
Volk Unruhe stifteten. Darauf zielte z.B. das im Jahre 11
u. Z. von Kaiser Augustus ausgesprochene Verbot, wo-
nach astrologische Prophezeiungen über Leben und Tod
politischer Persönlichkeiten unter schwerste Strafe gestellt wurden. Prognosen über sein baldiges Ende hatten
Augustus erbittert.

Kurz nach dem Regierungsantritt des Kaisers Tiberius
(14 u. Z.) wurden zwei Astrologen hingerichtet, die den
Libo Drusus bei einer Verschwörung beraten hatten. Tiberius selbst war sterngläubig. Er ließ sich durch seine
Astrologen die Personen anzeigen, die eine ihm gefährli-
che »kaiserliche Nativität« besaßen, um sie bei erster Gelegenheit aus dem Wege zu räumen.

Verhindert wurde durch all diese und weitere Verbote
gar nichts, auch wenn man über die Astrologen spottete,
wie beispielsweise Lukillos, der berichtete, ein Astrologe
habe sich, als er aus dem Horoskop erfuhr, daß seinem
Leben nur noch eine Frist von vier Tagen gesetzt sei, am
fünften Tag »aus Respekt vor Petosiris« erhängt.

Die Geschichte kennt viele Berichte und Anekdoten –
pro und contra Astrologie. Mögen sie stimmen oder

nicht, sie zeugen von dem unaufhaltsamen Eindringen der Astrologie in das Geistesleben der Antike, von ihrer Herrschaft in Politik und privatem Leben.

Zu den wenigen namhaften Gegnern der Astrologie in der Antike gehörte Panaitios von Rhodos (180–110 v. u. Z.). Er faßte seine Kritik in acht Punkten zusammen:

1. Sonne, Mond und Planeten sind sowohl voneinander als auch von der Erde viel zu weit entfernt, um auf die Erde wirken zu können.

2. Die verschiedenen Orte der Erde mit ihren jeweiligen Horizonten machen ein Regelwerk für die Anwendung auf Neugeborene unmöglich.

3. Wind, Regen und die ganze Witterung sind überall verschieden.

4. Die ererbten Eigenschaften sind entscheidend.

5. Zwillinge haben oft ein sehr unterschiedliches Schicksal.

6. Körperliche Makel können behoben werden.

7. Eine unterschiedliche geographische Lage bedingt unterschiedliche Merkmale bei gleichzeitig geborenen Kindern.

8. Die angeblich lange Tradition der Astrologie (bis zu 470 000 Jahren!) ist erfunden.

Später ergänzte Cicero: Wenn es ein individuelles Sternenschicksal gibt, wieso sterben bei Katastrophen Menschen mit ganz unterschiedlichen Horoskopen? Viele Menschen sind zugleich mit Homer geboren, aber es gibt nur einen Homer. Es ist absurd, daß Tiere, Städte, Schiffe … ein Schicksal haben sollen. Astrologische Prognosen treffen häufig nicht ein.

Unter diesen Einwendungen finden sich einige Standardargumente, die immer wieder gegen die Astrologie vorgebracht wurden. Den Kern des Problems, die Grundlagen der Astrologie, trafen sie nicht. Mit der weiteren Entwicklung dieser Lehre wurden sie z. T. sogar entschärft.

Die »Bibel der Astrologie«

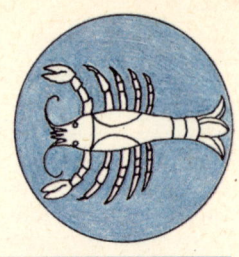

Der um das Jahr 90 u. Z. in Alexandria geborene Claudius Ptolemäus entwarf aus den vielfältigen Vorleistungen der Astronomen Babylons und Griechenlands ein geschlossenes astronomisches Weltbild. Er meisterte diese Aufgabe so glänzend, daß sein geozentrisches System für mehr als 1 500 Jahre maßgeblich wurde. Die von ihm abgeleitete mathematische Bearbeitung der geozentrischen Bewegung der Planeten, der Sonne, des Mondes und der Sterne gaben der Astronomie im Rahmen der historischen Möglichkeiten der Beobachtungspraxis und der geistigen Orientierung der Sklavenhalter- und Feudalgesellschaft eine sichere Grundlage.

Weniger bekannt ist, daß Ptolemäus auch der Astrologie die Form gab, in der sie Jahrhunderte hindurch wirkte und blühte. Für dieses Gebiet verfaßte er das »Vierbuch«, griechisch »Tetrabiblos« genannt.

Wegen der großen Bedeutung dieses Werkes sei zunächst auf seinen Inhalt eingegangen. Das erste Buch behandelt die Elemente der Astrologie, ihr Wesen, ihren Nutzen und ihre Aufgaben. Es folgen die astrologischen Eigenschaften der Planeten, Fixsterne und Tierkreiszeichen, die »Häuser« der Planeten[1] und die Wirkung der »Aspekte«[2]. Im zweiten Buch legt Ptolemäus die allgemeinen Auswirkungen der Planeten und Tierkreiszeichen auf Völker und Weltteile, die Wirkung auf Krankheiten, auf die Witterung, politische Vorgänge und Religionen, ferner die Rolle der Kometen, Finsternisse und Meteore dar. Das dritte und vierte Buch behandeln die Geburts-

1 siehe Seite 46   2 siehe Seite 53

astrologie. Hier finden sich die Lehren über die Häuser des Horoskops[1] und von der Bedeutung des Aszendenten (des bei Geburt aufsteigenden Grades der Ekliptik), astrologische Aussagen über die Entstehung von Zwillingen und Mißbildungen, über die »astralen« Ursachen der Säuglingssterblichkeit und der Krankheiten sowie über die durch die Planeten vermittelten menschlichen Eigenschaften usw.

Auf zweifacher Grundlage, so forderte Ptolemäus, muß sich die Astrologie aufbauen: »Die eine, welche auch naturgemäß zuerst Beachtung erfahren muß und das Fundament darstellt, ist die Beobachtung, durch die wir zu jedweder Zeit die Bewegungen der Sonne, des Mondes und der übrigen Gestirne festzustellen imstande sind. Die zweite dagegen ist die Untersuchung, durch welche wir die Veränderungen zu erkennen trachten müssen, die diese Bewegungen in den Erdenkörpern verursachen, nämlich, inwiefern diese Veränderungen in der irdischen Welt den Stellungen der Gestirne entsprechen, wobei wir eben wieder von den natürlichen Eigenschaften der Gestirne auszugehen pflegen.« Unter den Eigenschaften der Planeten verstand Ptolemäus die Wirkung eines Himmelskörpers, die er für Jupiter z. B. so beschreibt: »Der Planet Jupiter nennt eine gemäßigte Natur sein eigen, da er die Mitte hält zwischen der kältenden Wirkung Saturns und der brennenden, verzehrenden des Mars. Ebenso wärmt und feuchtet er, da jedoch die wärmende Kraft vorherrscht, so werden die Winde von ihm zu befruchtendem Wirken angefacht.«

Für Ptolemäus war die Astrologie nichts Mystisches, sondern der praktische Teil der Astronomie, die Lehre von den Beziehungen des Menschen zu den Sternen, der physische Teil seines Weltbildes. Ihren Nutzen sah Ptolemäus, getreu den Lehren der Stoiker, in der Bewahrung der Seelenruhe des Menschen. Aus den Sternen lesen wir unser Schicksal, denn »wissen wir von dem, was uns bevorsteht, so gewöhnt dies unsere Seele vorher daran und mäßigt ihre Erregung, wodurch sie dem Kommenden gegenüber sich festigt, bis es Wirklichkeit geworden ist und

1 siehe Seite 51

Astrologie – eine allegorische Darstellung aus dem Mittelalter

uns in den Stand setzt, es in Frieden und gefaßt entge-
genzunehmen«.

Ptolemäus waren die erwähnten klassischen Kritiken
an der Astrologie gut bekannt. Vielen Einwänden suchte
er durch systematische Einbeziehung bisher nur am
Rande berücksichtigter Faktoren entgegenzutreten.

Wandte Panaitios gegen die Astrologie ein, daß eine unterschiedliche geographische Lage differierende Merkmale bei gleichzeitig geborenen Kindern hervorrufe, so ordnete Ptolemäus die einzelnen Länder, Weltgegenden und Völker aus der begrenzten Sicht der antiken »Mittelmeerwelt« den Tierkreiszeichen und Planeten zu. Hören wir einige Schlußfolgerungen dieser geographischen Astrologie: Für Britannien, Belgien und Germanien weiß Ptolemäus nicht viel Gutes zu berichten, denn es sind »in diesen Gegenden die Bewohner in höherem Maße ungezügelt und grimmig«. Angenehmer wird es schon in Thrakien, Mazedonien, Griechenland, Kleinasien und Zypern. Deren Bewohner sind »einander ähnlicher und maßvoll im Betragen, herrschliebend, hochherzig, beugen sich nicht der Sklaverei, alles dies von Mars aus; treiben Musik, Wissenschaften, lieben die Freiheit, errichten Republiken aus eigner Einsicht, halten die Volksherrschaft hoch und schaffen sich selbst Gesetze durch den Jupitereinfluß; weiter lieben sie Schauspiel und Eleganz infolge der Venus; sind human, gastfreundlich und obliegen eifrig der Pflege der Gerechtigkeit, den Wissenschaften und der Redekunst durch Merkur«.

Streiten wir nicht um die Berechtigung dieser Urteile. In einer Zeit, in der man es gewöhnt war, sein Leben nach den Sternen einzurichten, lag eine Bindung des Völkerschicksals an den Himmel durchaus nahe, mögen die Voraussetzungen noch so falsch gewesen sein.

Das Allgemeine hatte für Ptolemäus stets den Vorrang gegenüber dem Speziellen, denn »ein kleines Geschick« unterliegt stets »größeren und mächtigen Einwirkungen«. Weil in der astrologischen Weltsicht Kriege, Überschwemmungen und Seuchen aus bestimmten Gestirnskonstellationen resultieren, ist es möglich, daß während dieser Ereignisse Menschen ganz unterschiedlicher astrologischer Bestimmung zur gleichen Zeit den Tod finden. So setzt sich das menschliche Schicksal aus vielen einzelnen Wirkungen des Gestirnslaufes zusammen, ergänzt durch nichtastrologische Faktoren, wie z. B. Vererbung, Erziehung und Umwelt, die Ptolemäus nicht außer acht läßt und die seiner Meinung nach den Gestirnseinfluß korrigieren, weil sie »Unterschiede in einem Teil der see-

Der Kriegsgott Mars verführt seine »Kinder« zu Raub, Mord und Krieg. Kupferstich von Georg Pencz, um 1530

lischen Anlage oder der sittlichen oder im Lebensgange«
erzeugen.

Ptolemäus entwickelte in seinem »Tetrabiblos« ein
vollständiges System der Astrologie. Wenn auch in der

Folgezeit manches detaillierter ausgearbeitet wurde, bezeichnete man sein Werk nicht zu Unrecht oft als die »Bibel der Astrologie«. Freilich blieb Ptolemäus, wie bei diesem Gegenstand nicht anders zu erwarten, nicht frei von simplen Analogiebildungen und astrologischen Phantastereien. »Blindheit des rechten Auges«, so meinte er, »wird verursacht, wenn der Mond bei der Geburt in einem Eckhause steht, entweder in Konjunktion oder Opposition, oder an irgendeiner Stelle, wo er mit der Sonne im Aspekt steht, und verbunden mit einem der Nebel-Sterne (Sternhaufen, Nebel und Galaxien) des Zodiak, wie des Krebses oder der Plejaden, oder dem Pfeil des Schützen, oder dem Stachel des Skorpions, oder dem Haar der Berenice oberhalb des Löwen, oder der Urne des Wassermanns.«

»Planetenkinder« und Tierkreiszeichen

Die vier Grundelemente der antiken Astrologie waren die Planeten, die zwölf Himmelshäuser, die Stellung der Gestirne zueinander und zum Tierkreis. Ihr Zusammenwirken zu einem bestimmten Zeitpunkt soll allen damit verbundenen Ereignissen das Gepräge geben. Schon in antiker Zeit wurde zur anschaulichen Darstellung dieser astralen Einflüsse die Figur des Horoskops entwickelt. Wenn auch nicht jede Form der Astrologie zum Horoskop führt, so ist doch besonders in der Volksastrologie der Begiff *Horoskop* geradezu ein Synonym für die Astrologie geworden. Ursprünglich bezeichnete man als »horoskopos« den im Osten aufgehenden Grad des Tierkreises sowie den Sternkundigen, der dieses Ereignis beobachtet. Er war der Stundenschauer oder, astrologisch interpretiert, derjenige, der nachsah, »was die Stunde geschlagen« hat (hora, griech., Tageszeit, Stunde; skopein, griech., beobachten).

Älteste Grundelemente des Horoskops sind die Planeten mit den ihnen beigelegten Eigenschaften. Die Anfänge dieser astrologischen Zuordnungen, z. B. des Mondes, haben wir bis in das Mesolithikum zurückverfolgt. Zur Zeit Platos (5./4. Jh. v. u. Z.) verband man die griechischen Götter mit den Planeten. Sie wurden »Stern des Kronos« (Saturn), »Stern des Zeus« (Jupiter), »Stern des Ares« (Mars), »Stern der Aphrodite« (Venus) und »Stern des Hermes« (Merkur) genannt. Die Sonne wurde der »Stern des Helios« (oder des Apollo), während der Mond mit Selene, Artemis oder auch mit anderen Gestalten in Verbindung gebracht wurde. Diese Grundbeziehungen haben später die Römer übernommen, und ähnlich verfuhren auch die in den römischen Kulturkreis einbezogenen germanischen Völker.

Der Mond blieb bis heute astrologisch das kosmische Sinnbild der Veränderung mit verzweigter astrologischer Bedeutung. Ihm unterliegen alle Wachstumsprozesse und viele medizinische Angelegenheiten. Der Mond, die »Göttin der geburt«, ist »von natur kalt unnd feucht, bezeichnet die schnelligkeit«, heißt es in der 1601 in Frankfurt/Main gedruckten »Astronomia Teutsch«. Für die durch den Mond regierten Stunden wird empfohlen: »Wasserbau anfangen, honig, öhl und allerley Hausspeiß, fleisch und zame Thier kauffen, ohn Schaaff. Nicht gut ists heyrath machen, anfangen zu bauen, noch etwas bestendiges anzufangen, nicht Gelt außzuleihen. Aber alles ist gut anzufangen, deß bald ein end begert.« Immer wieder zieht sich der Aspekt der Feuchtigkeit und Unbeständigkeit durch die Mondbestimmungen. Davon abgeleitete Eigenschaften regieren auch das Leben der unter Mondeinfluß geborenen Menschen: »Ein Kind geborn in deß Monds stunden wirdt unstät in seinem Wandel, wil niemandt gehorsam seyn, thut ihm selbst gern den Todt an, kompt selten zu rechtem alter, hat selten Glück in zeitlichen dingen, denn er mag seines glücks nicht erwarten, hat dunckele Augen, schihlet gewönlich, wirdt offt kranck, ist selten frölich, ist warhafft, wirdt leicht zornig, vergeht ihm aber bald, begert nicht frembd gut, wird selten 40. Jahr alt, ist gern ein Kauffman oder Schiffman, sein Angesicht ist bleych, wirdt bald grau.«

Ihren künstlerischen Ausdruck finden diese astrologischen Zuordnungen in den im Mittelalter sehr beliebten und einprägsamen »Planetenkinder-Bildern« (vgl. Abb. auf S. 9 u. 38).

Merkur ist der Planet mit der kürzesten heliozentrischen Umlaufzeit. Von der Erde aus gesehen, pendelt er rasch neben der Sonne hin und her, ohne sich weit von ihr zu entfernen. Die Geschwindigkeit der Bewegung soll den in Merkurstunden Geborenen geistige Regsamkeit verleihen, eine Bevorzugung der »Rhetorica, Geometria, Philosophia und dergleichen«.

Ihr helles, mildes Licht brachte die Venus, unseren »Morgen- und Abendstern«, bei vielen Völkern, so auch

Die gehörnte Mondgöttin, nach einem italienischen Holzschnitt um 1465

bei den Griechen, Römern und Germanen, in Beziehung zur Liebesgöttin. In diesem Sinne haben die »Planetenkinder« der Venus ihre Prägung erfahren: »Zu freud und lieb stehn all mein sinn, und Musik, also tun auch mein Kind. Hilff Heyrath machen, kleid mich neu, und spiel der lieben zeit ohn reu.« Venus ist als Verheißung guter und angenehmer irdischer Dinge das »kleine Glück«.

Die Kinder des »Planeten« Sonne, der Repräsentantin des Lebenswillens und der Lebenskraft, lieben Macht und Herrschaft. Dieser astrologischen Zuordnung liegt die Erfahrung zugrunde, daß das »Tagesgestirn« »Lebenspenderin« ist, alles Leben »regiert«.

Über die »Marsgeborenen« weiß auch die »Astronomia Teutsch« wie der Autor der eingangs zitierten Gothaer Handschrift (siehe S. 8) nichts Gutes zu berichten: »Ein Kind geborn in Martis stund gewinnet rot krauß haar, Ist gähzornig, mit einem spitzigen angesicht, rot und schwarz under einander gemischt, kleine augen, ein hoch groß maul, steht ihm mehrer theils offen, oder vor grimmiger boßheyt hart zugebissen, hat lange zähn, berühmt sich seiner boßheyt, ist spöttig, frässig, leugt was er sagt sihet niemand an, lacht selten, dann so er ein boßheyt vollbracht hat, sein natur ist geneygt zu rauben, brennen, stechen, mörden, hencken, unnd zu aller bosheyt; stirbt selten guten todes.«

Diese vom Augenschein des Mars abgeleiteten Bestimmungen sind kein historisches Kuriosum, sondern bis heute Grundbestandteil der astrologischen Lehre vom »kleinen Unglück«. So schreibt A. Leo im Jahre 1930 in der siebenbändigen Ausgabe seiner »Astrologischen Werke«, dem Stil der Zeit angepaßt, über den Marseinfluß: »Der feurige Mars ist es, der die Seele in der Hölle festhält und sie längere oder kürzere Zeit in den Fesseln des astralen Planes hält, je nach der Kraft, die er über das Denken und die Seele erlangt hat. Gewalt und Mord folgen aus den elementaren Marskräften, wenn sie unbeherrscht bleiben und sich blind bewegen dürfen, ohne daß Vernunft und Urteilskraft sie leiten.«

Jupiter, das »große Glück«, ist »bezeychner deß guten und rechten gerichts, friedlich«. Seinen Kindern gibt er nur Gutes: Weisheit, Freundlichkeit, edles Angesicht, Barmherzigkeit, Gerechtigkeit. Jupiter ist nach alter babylonischer Tradition das »Königsgestirn« – ein heller Planet, der um die Zeit seiner Opposition zur Sonne die ganze Nacht über am Himmel in ruhigem, »majestätischem« Lauf gesehen werden kann. Wie auf Planetenkinder-Bildern des Jupiter zu erkennen ist, sind kirchliche und weltliche Herrscher die irdischen Repräsentanten dieses Himmelskörpers.

Die Sonne regiert den Reigen der Planeten. Nach einer Darstellung in: Petrus Apianus, Cosmographia, Antwerpen 1539

Für den großen Gegenspieler des Jupiter hielt man den Saturn. Die Griechen hatten ihn mit Kronos identifiziert. Er war der gewaltigste Sohn des Uranos, Gatte der Rheia. Einst wurde ihm prophezeit (Hesiod): »Künftiger Sturz sei ihm bestimmt von dem eigenen Sohne. Darum ließ er nicht ab zu wachen und stellte den eigenen Kindern nach und fraß sie zu Rheias unsäglicher Trauer.« Nur das letztgeborene, Zeus genannt, entkam dem Machtverlangen des »verschlagenen Kronos«, da Rheia ihrem Gatten anstelle des Kindes einen in Windeln eingeschlagenen Stein gab. So erfüllte sich die Weissagung. Im schrecklichen Titanenkampf besiegte Zeus seinen Vater und trat im Verein mit den anderen »neuen« Göttern die Herrschaft an.

Im griechischen Kult galt Kronos als Erntegott – eine Sichel war sein Attribut – und auch als Herr der himmlischen Gefilde der Seligen. Die Sichel deutet noch auf

Der »Unglücksbringer« Saturn wird nach antiker Sagentradition oft als ein mit einer Sichel bewaffneter alter Mann dargestellt, der eines seiner Kinder verschlingt. Nach: Deutscher Kalender, Basel 1514

einen weiteren Mythos hin: Kronos gelangte erst zur Macht, nachdem er seinen Vater Uranos mittels einer »zahnigen Sichel« entmannt hatte.

Die astrologische Konstruktion des Saturn-Kronos ist eine Mischung aus astronomischen und kultischen Elementen. Saturn hat von den klassischen Planeten mit fast 30 Jahren die längste Umlaufzeit im Tierkreis. In alten Drucken erscheint er uns als ein alter, müder Mann mit einer Sichel oder Sense, der gerade im Begriff ist, ein kleines Kind zu verschlingen. Saturn, bis ins 18. Jahrhundert hinein als sonnenfernster Planet bekannt, galt als »Herr der Zeit«.

Das »große Unglück« Saturn kann also nichts Gutes bedeuten. In unserer Gothaer Handschrift sagt dieser Planet von sich: »Ich bin der öberst planet kalt und trocken an meiner natur. Hessig, neidig, wüsst und kallt, mager, gifftig, grob und allt pin ich und meine kint, die under mir geboren sint.« Ein Kind, das in einer Saturnstunde geboren ist, wird, wie die »Astronomia Teutsch« meint, »ein träger, schwermütiger Mensch mit eim dünnen bart, bleycher gelben farb, dick, hart, schwartz haupthaar. Ist hochmütig, fanget viel an, richt nichts recht auß, wil über andere leut seyn, nur selten reich, wohnet gern bey wassern. Ist von natur diebisch, räubisch, neidig und hässig. Er sticht gern, unglückhafft in all seinen sachen, hat viel unreiner hitz, wirdt schnell kranck, lügenhafft, hat tieffe mörderische augen« und was man sich an bösen Dingen alles so ausdenken kann.

Im Laufe der Jahrhunderte wurden weitere Planeten entdeckt, die nun eigentlich nacheinander die Rolle eines »Herrn der Zeit« erhielten: 1781 Uranus, 1846 Neptun und seit 1930 Pluto. Doch die einmal festgelegten astrologischen Eigenschaften des Saturn blieben bis heute in allen einschlägigen Lehrsystemen erhalten.

Mit der Zuordnung astrologischer Beziehungen für die neuen Planeten hatte es jedoch seine Schwierigkeit, nachdem alle menschlichen Grundeigenschaften vergeben worden waren. Aber irgend etwas findet sich immer! In seinem 1981 in München in 6. Auflage erschienenen Buch »Lebenshilfe Astrologie« schrieb F. Riemann: »Astrologisch-psychologisch entspricht dem Uranusprin-

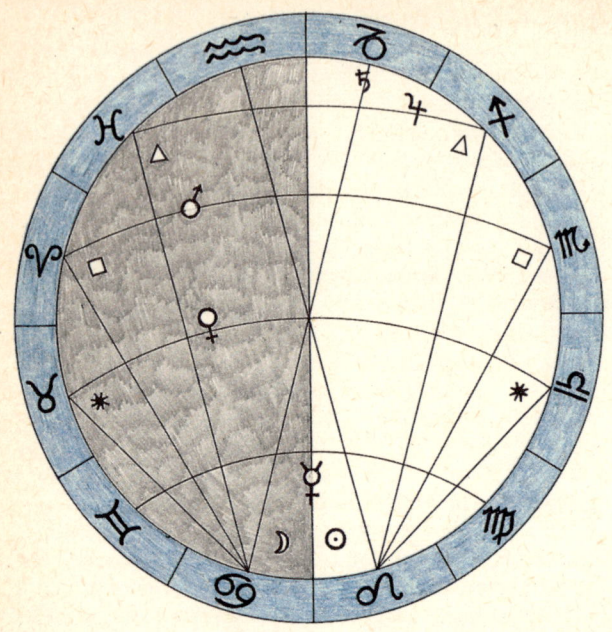

Die Aufteilung der Tierkreiszeichen als »Häuser« (links: »Nachthäuser«; rechts: »Taghäuser«) der Planeten

zip die Intuition und der Impuls zum Überwinden der Tradition zwischen den Polen reformerischer Neuerung und rebellisch-radikaler Revolution. – Das Neptunprinzip vermittelt das Erlebnis grenzüberschreitender Transzendenz ... Neptun vermittelt uns Entfaltung bis zur grenzaufhebenden Identifikation; er ist sowohl ein Medium für mystische Erlebnisse wie für illusionäre Selbsttäuschung bis zum Wahnhaften. In Pluto schließlich begegnen wir chtonisch-archaischen Seelenkräften, die, vergleichbar den atomaren Energien, zum Heil oder Unheil eingesetzt werden können.«

Waren die antiken Konstruktionen unter Berücksichtigung des Wissensstandes der Menschen jener Zeiten in gewissem Sinne einleuchtend, finden wir bei den Zuordnungen für Uranus bis Pluto nichts anderes als Hilflosigkeit, die sich hinter psychologisierendem Gerede über verborgene Seelenkräfte zu verbergen sucht – was nicht nur für Riemann zutrifft, sondern allgemeines Kennzeichen ist.

Der Bruch zwischen den astrologischen Zuordnungen der klassischen Planeten einerseits und denen der »modernen« andererseits tritt auch in der Häuserlehre deutlich zutage. Jeder Planet beherrscht nämlich, den uralten Vorstellungen zufolge, Tierkreiszeichen, in denen er seine »Hausherrenwürde«, seine Macht, entfalten kann. Die Sonne besitzt nur ein Taghaus, der Mond nur ein Nachthaus. Die anderen Planeten haben beides: Merkur hat Jungfrau und Zwillinge, Venus Waage und Stier usw. Auf diese Art und Weise waren alle zwölf Tierkreiszeichen unter die sieben klassischen Planeten – Mond und Sonne wurden ja dazugerechnet – aufgeteilt. Was sollte mit den transsaturnischen Planeten werden? Ohne »Hausherrenwürde« konnten sie nicht bleiben, freie Tierkreiszeichen gab es aber nicht mehr. So ordnete man ihnen in Durchbrechung bisheriger Gewohnheiten nur ein Tierkreiszeichen zu, das sie sich nun aber mit anderen Planeten teilen müssen. Uranus erhielt den Wassermann zugeteilt, Neptun die Fische und Pluto den Skorpion. Nun können noch neun transplutonische Planeten

Der Sonnengott nach einer Darstellung durch Herrad von Landsberg, Hortus deliciarum (2. Hälfte des 12.Jh.) (Die feurigen Sonnenrosse der antiken Bildtradition sind realitätsbezogen durch schwere Arbeitspferde ersetzt.)

versorgt werden, bevor zu Drittvergaben übergegangen werden müßte!

Die Tierkreiszeichen sind jedoch in der Gegenwart nicht mehr mit den Tierkreissternbildern identisch, wie noch zur Zeit von Ptolemäus. Infolge der Präzession ist eine Verschiebung eingetreten, die bis heute fast genau 30°, also die Längenausdehnung eines Zeichens, ausmacht. Diese Verschiebung kommt dadurch zustande, daß die Rotationsachse der Erde in 25 700 Jahren eine periodische Verlagerung erfährt. Dadurch verschieben sich ständig die Schnittpunkte zwischen Himmelsäquator und Ekliptik. Einer dieser Punkte, der Frühlingspunkt, in dem die Sonne am Frühlingsanfang steht, ist sowohl Ausgangspunkt für die astronomische Koordinate der Rektaszension als auch der astrologischen Tierkreisbenennung. In den letzten 2 000 Jahren ist dieser Schnittpunkt aus dem Sternbild Widder in das der Fische gewandert. Aus diesem Grunde stimmen die Tierkreissternbilder (deren Grenzen an den Sternen orientiert sind) mit den Tierkreiszeichen (die, ausgehend vom Frühlingspunkt, den Bereich der Ekliptik – der scheinbaren Bahn der Sonne – in zwölf 30°-Bögen einteilen) nicht mehr überein.

Die *Tierkreiszeichen* werden in drei Gruppen eingeteilt, die mit dem scheinbaren (geozentrischen) Lauf der Sonne in der Ekliptik zusammenhängen: Die »Kardinalzeichen« Widder, Krebs, Waage und Steinbock markieren den Beginn einer Jahreszeit. In den »festen Zeichen« – Stier, Löwe, Skorpion, Wassermann – manifestiert sich der Charakter der betreffenden Jahreszeit. Die »beweglichen Zeichen« schließlich – Zwillinge, Jungfrau, Schütze und Fische – deuten den Übergang zu einer neuen Jahreszeit an.

Grundlage für diese Zuordnungen ist das jahreszeitliche Erleben der natürlichen Veränderungen, doch reichen die astrologischen Konstruktionen zu den Tierkreiszeichen weit über dieses verständliche Maß hinaus ins Phantastische. So beschreibt die »Astronomia Teutsch« die Lebensumstände eines im Widder geborenen Kindes: »Wer in diesem zeychen geboren oder empfangen, wirt natürlich voll reichthumbs, zeitlichen guts, gewinnet nicht viel zeitlicher ehr, ist kühn in seinen wercken,

♓	Fische (Pisces)
♈	Widder (Aries)
♉	Stier (Taurus)
♊	Zwillinge (Gemini)
♋	Krebs (Cancer)
♌	Löwe (Leo)
♍	Jungfrau (Virgo)
♎	Waage (Libra)
♏	Skorpion (Scorpius)
♐	Schütze (Sagittarius)
♑	Steinbock (Capricornus)
♒	Wassermann (Aquarius)

Die Tierkreiszeichen

starcker krafft und weit schweiffig, kriegerisch und nit gar wenig, doch in viel sachen weise, ist sinnig zu leben, fellt offt inn schaden schlagens wegen, fast unkeusch, hat lust zu sehen frembde Land unnd Königreich, wird ein grosser Krieger, wirdt diesem thier fast vergleich an natur.«

Für den Stier wird in dem selben Buch gesagt: »Ein Mägdlein geborn zwischen obbestimpter zeit ist sich derselbigen natur arten, dicks grossen leibs, frölichen muths, guter stimm, gegen jederman ehrlich, gütig, was sie gedenckt im Hertzen, das darff sie auch thun. Sie leydet viel schand und nachrede. Am angesicht Zeichen, ihr kommen für schwere und wunderliche träume. Ihr beklagung ist deß Haupts, Augen, Ohren, empfindet im Hals viel zufälliger kranckheit. Leydet schmertzen in der Mutter, gebirt schwerlich ihre Kinder. Durch böse zungen, vergifft, zauberey, Teuffels gespenst, wirdt ihr todt angezeiget.«

Zur Grundbeziehung »Sonne – Tierkreis« treten für ein Horoskop die Planeten hinzu, die spezifische Korrekturen mit sich bringen. Die Kombination Sonne im Skorpion, Mond im Wassermann ergibt nach A. Leo »Befähigung zu Stellungen bei der Regierung; eine Neigung, sich an großen Konzernen zu beteiligen; starken Konservatismus, Stolz und lebhafte Triebnatur«.

Schauen wir uns noch weitere Beispiele desselben Autors an!

Die Tierkreiszeichen mit ihren Symbolen. Leopold von Österreich, *Compilatio de astrorum scientia, Venedig 1520*

Mars in der Waage: »Diese Stellung gibt ein rasch entflammtes Liebesempfinden und führt oft zu früher oder übereilter Heirat.«

Jupiter im Wassermann: »Das gibt gute und treue Freunde, mit Freude und Vorteil von ihnen.«

Jupiter im Stier: »Diese Stellung bringt geldlichen Gewinn in Berufen, die irgendwie mit Kirche, Religion, Philosophie, Unterricht, höherer Geistesbildung, Schiffahrt, Seereisen, Pferden zusammenhängen.«

Zu einer detaillierteren astrologischen Erfassung des individuellen Geschicks aus der Geburt reicht die Bestimmung des Sonnenortes und der Planeteneigenschaften nicht aus. Deshalb wurde schon früh die Lehre der

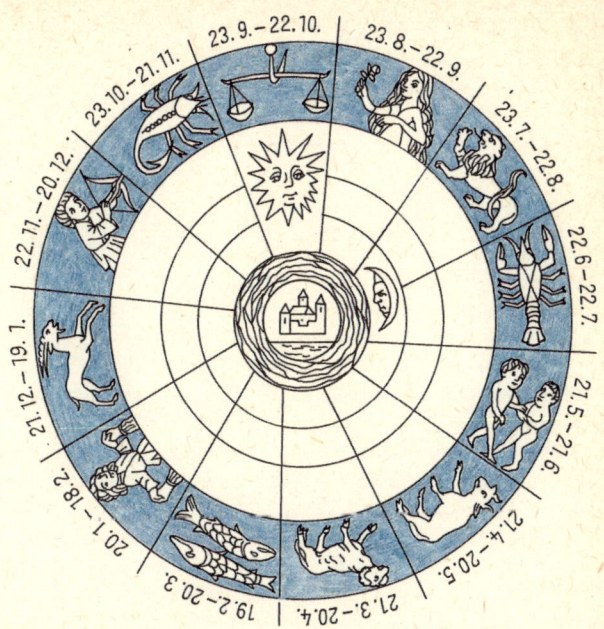

Der Lauf der Sonne durch den Tierkreis mit den dazugehörigen Zeitgrenzen, nach Lucidarius, Augsburg 1479

Häuser, auch Orte des Horoskops genannt, entwickelt. Sie geht auf ägyptische Einflüsse zurück.

Die zwölf Horoskophäuser stehen in Analogie zu den zwölf Tierkreiszeichen. Wie diese den Jahreslauf, so teilen jene den Tageslauf der Sonne ein. Auch um den Häuserkreis haben sich neben einer reichen, für uns nicht leicht durchschaubaren Natursymbolik zahlreiche Mythen und spekulative Motive gerankt.

Die zwölf Häuser werden im Horoskop in der Regel in einer quadratischen Figur angeordnet, in der die einzelnen Häuser durch ineinandergeschachtelte Dreiecke dargestellt werden (vgl. Abb. auf S. 57). Sie beginnen links im Osten und laufen, der Uhrzeigerrichtung entgegen, um ein Mittelquadrat, in dem die Daten des Horoskops verzeichnet sind.

Das erste Haus wird dem *Aszendenten* zugeordnet. Es ist das »Aufsteigende« (ascendere, lat., hinaufsteigen), den Teil der Ekliptik bezeichnend, der bei der Geburt bzw. bei anderen Ereignissen im entscheidenden Moment gerade über den Horizont gelangt. Den Lehren der Astrologie zufolge findet hier die Natur des Menschen ihren Ausdruck: erbliche Anlagen, Charakter, Temperament. Das zweite Haus deutet auf bewegliches Vermögen, auf Geld und Reichtum hin, das dritte auf Bildung, Korrespondenz, Besuche, Ausflüge, Eisenbahn, Post, Geschwister. Das vierte Haus beherrscht den unbeweglichen Besitz, das eigene Heim, Häuslichkeit, Vaterland, das Alter, das Lebensende (ausgenommen die Todesursache). Das fünfte Haus bezieht sich auf Nachkommen, Schwangerschaft, Liebe zu Kindern, Erziehung, Liebesabenteuer, Lotterie … Es ist das lustigste und kurzweiligste Haus. Dagegen ist das sechste unerfreulich. Es ist das Haus der Gebrechen, Krankheiten, der Beziehung zu Dienstboten, Haustieren und zum Aberglauben. Mit dem siebenten Haus beginnt die Reihe der Häuser, die der ersten Hälfte jeweils genau gegenüberliegen. In diesem Sinne ist Haus sieben verantwortlich für Partner, in erster Linie für den Ehegatten, aber auch für Kontrahenten und alle Nicht-Blutsverwandten, auch für Duelle, Zivilgerichtsangelegenheiten und Kriege. Das achte Haus zeigt an, ob die Todesart sanft, heftig oder gar gewaltsam sein wird. Das neunte Haus vertieft die Wirkung des dritten: Hier findet man höhere Erkenntnis, Fahrten in fremde Länder, die Neigung zum Priestertum und zur Weisheit. Das zehnte Haus wird Medium Coeli (Himmelsmitte) genannt, da seine Spitze in der Horoskop-Figur auf den Zenit zeigt. Es betrifft den Menschen in der Öffentlichkeit: soziale Stellung, Beruf, Amt, Würde, Ehrungen, bei Frauen oft die Stellung des Gatten. Zum elften Haus gehören Freunde, Gönner, Ratgeber, Hoffnungen, Wünsche, Erfüllungen. Das zwölfte Haus schließlich ist ein tragisches Haus, das von den Mühen des Lebens beherrscht wird: Es deutet auf bevorstehende Verfolgungen hin. Hier drohen geheime Feinde, Kriminalprozesse, Einsamkeit, Verlassenheit, Gefängnis, Krankenhausaufenthalte und andere unabwendbare Widerwärtigkeiten.

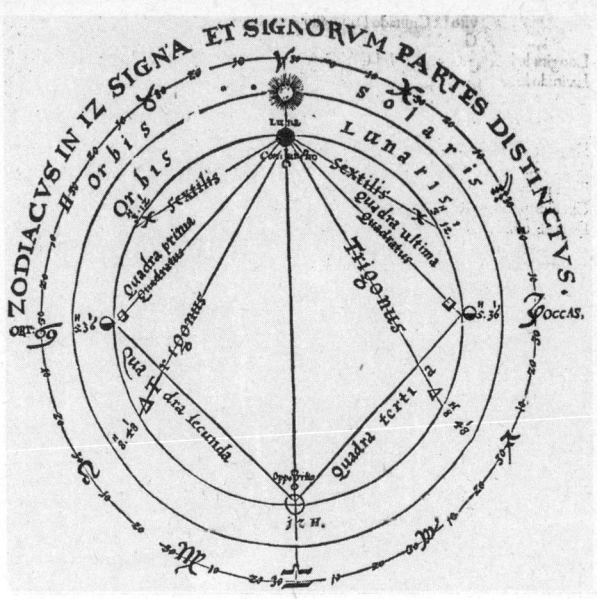

Die Aspekte (hier am Beispiel des Mondes) werden durch die unterschiedlichen Winkel zwischen den Planeten am Himmel gebildet. Henricus Ranzovius, Calendarium ad elevationem 55. grad, Hamburg 1590

Häufig werden die Planeten im Gegensatz zu den mit ihren Grenzen fest definierten Tierkreiszeichen als das dynamische Element des Horoskops bezeichnet. Das beruht vor allem auf der Annahme, daß die Planeten zwar grundsätzliche Eigenschaften vermitteln, die jedoch durch konkrete Umstände wandelbar sind. Zu diesen modifizierenden Faktoren zählen in erster Linie die sogenannten Aspekte. Was unter dieser Bezeichnung zu verstehen ist, läßt die Wortbedeutung erkennen, die vom lateinischen Verb aspicere, anschauen, abzuleiten ist.

Ein *Aspekt* ist die Stellung zweier Planeten zueinander, wie sie sich »anschauen«, sich »bestrahlen«. Aufgrund der Winkel, die sie dabei bilden, werden folgende Aspekte mit ihren Wirkungen (nach A. Leo) unterschieden:

Zeichen für die Planetenkonstellationen

Name	Zeichen	Winkel	Wirkung
Konjunktion	☌	0° oder 360°	verschieden
Halbsextil	⊻	30°	schwach gut
Halbquadrat	∠	45°	schwach schlecht
Sextil	⚹	60°	gut
Quadratur	□	90°	schlecht
Trigon	△	120°	gut
Sesquiquadrat	⊡	135°	schwach schlecht
Quincunx	⚻	150°	schwach schlecht
Opposition	☍	180°	schlecht

Die Aspekte sind eine rein geometrische Erscheinung und beruhen auf der Betrachtung des scheinbaren Planetenstandes von der sich selbst bewegenden Beobachtungsplattform Erde. Infolge der unterschiedlichen Umlaufzeit der Planeten, entsprechend ihrem Abstand von der Sonne (Keplersche Gesetze), begegnen sich die Planeten zuweilen am Himmel, laufen aneinander vorbei und entfernen sich wieder.

Am deutlichsten können wir dies beim Mond feststellen. Stehen Sonne und Mond in einer Richtung am Himmel, bilden sie die *Konjunktion*. Wir haben Neumond. Durch seine schnelle Bewegung entfernt sich der Mond von der Sonne, und nach knapp siebeneinhalb Tagen stehen sie in der 1. Quadratur, bilden, von der Erde betrachtet, einen Winkel von 90° und wir sehen den zunehmenden Halbmond. Nach weiteren siebeneinhalb Tagen sind sie bei Vollmond in *Opposition* usw.

Die Wirkung der Aspekte stellt sich der Astrologe so vor, daß sich beim Aufeinandertreffen der Planetenkräfte je nach dem Winkel, den beide miteinander bilden, eine unterschiedliche Resultante ergibt. So ist die Konjunktion eine symbolische Vereinigung, die Opposition eine Aufhebung. Die Stärke der Aspekte ist, wie die Tabelle zeigt, sehr unterschiedlich.

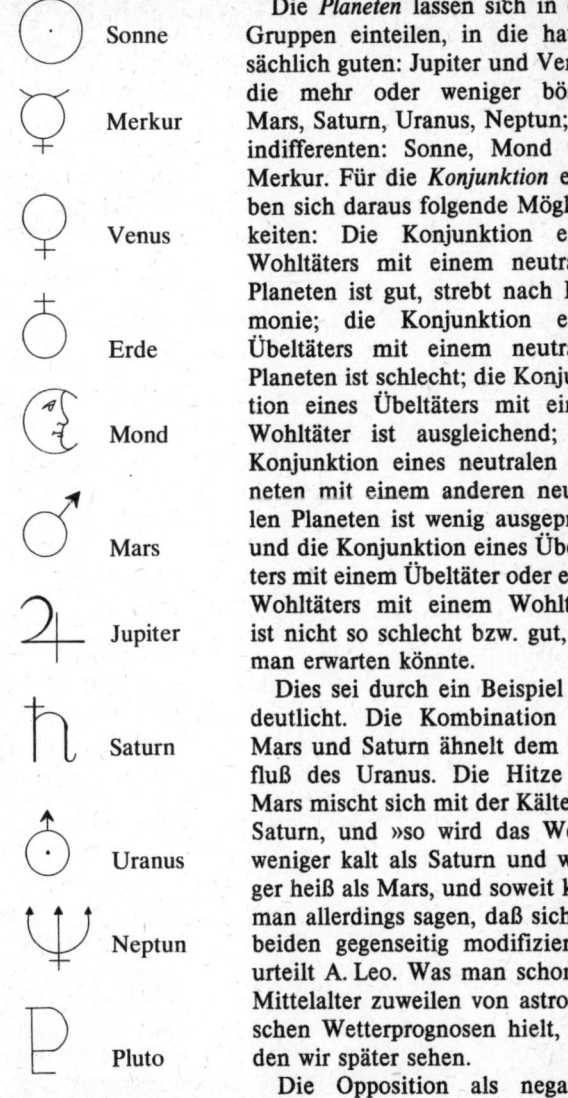

☉	Sonne
☿	Merkur
♀	Venus
♁	Erde
☽	Mond
♂	Mars
♃	Jupiter
♄	Saturn
⛢	Uranus
♆	Neptun
♇	Pluto

Astronomische Zeichen für die Himmelskörper

Die *Planeten* lassen sich in drei Gruppen einteilen, in die hauptsächlich guten: Jupiter und Venus; die mehr oder weniger bösen: Mars, Saturn, Uranus, Neptun; die indifferenten: Sonne, Mond und Merkur. Für die *Konjunktion* ergeben sich daraus folgende Möglichkeiten: Die Konjunktion eines Wohltäters mit einem neutralen Planeten ist gut, strebt nach Harmonie; die Konjunktion eines Übeltäters mit einem neutralen Planeten ist schlecht; die Konjunktion eines Übeltäters mit einem Wohltäter ist ausgleichend; die Konjunktion eines neutralen Planeten mit einem anderen neutralen Planeten ist wenig ausgeprägt, und die Konjunktion eines Übeltäters mit einem Übeltäter oder eines Wohltäters mit einem Wohltäter ist nicht so schlecht bzw. gut, wie man erwarten könnte.

Dies sei durch ein Beispiel verdeutlicht. Die Kombination von Mars und Saturn ähnelt dem Einfluß des Uranus. Die Hitze des Mars mischt sich mit der Kälte des Saturn, und »so wird das Wetter weniger kalt als Saturn und weniger heiß als Mars, und soweit kann man allerdings sagen, daß sich die beiden gegenseitig modifizieren«, urteilt A. Leo. Was man schon im Mittelalter zuweilen von astrologischen Wetterprognosen hielt, werden wir später sehen.

Die Opposition als negativer Aspekt bringt dagegen schwere Bürden – nichts von Ausgeglichenheit und Modifikation. So auch beim »Gegenschein« von Venus und Mars, »dann liegen Seele (Venus) und Körper (Mars) im Kampf, und der Mensch wird darunter leiden. Es wird ihm schwerwerden, im moralischen Leben den geraden Pfad einzuhalten; seine Leidenschaften, vor allem in geschlechtlicher Beziehung, werden immer wieder die Grenzen der Mäßigung überschreiten«.

Betrachten wir nun die angenommene Wirkung der einzelnen Aspekte anhand der Beziehungen zwischen Saturn und Mond, wobei Saturn der »Signifikator«, der bestimmende Part, sei (nach A. Leo).

Konjunktion: »Unterwürfig, passiv, verdrießlich, unzufrieden, grämlich, degeneriert, verdüstert, furchtsam, apathisch, kalt, hinterlistig.«

Opposition oder Quadratur: »Melancholisch, niedrig, unbarmherzig, abergläubisch, erbärmlich, phlegmatisch, selbstisch. Verluste durch Unglück, Schicksal, Mangel an Ehrgeiz, Krankheit.«

Trigon oder Sextil: »Sparsam, behutsam, reuevoll, ernst, einsiedlerisch, gesetzt.«

Damit haben wir die wichtigsten Elemente eines Horoskops angedeutet, und wir wollen es dabei bewenden lassen, denn dessen ganze Kompliziertheit und auch Gekünsteltheit zu beschreiben, würde weit über den vorgegebenen Rahmen hinausgehen.

Sicherlich wird es dem Leser Vergnügen bereiten, nun auch noch – ein wenig gekürzt – ein »klassisches« Horoskop kennenzulernen.

Im Jahre 1608 erhielt Johannes Kepler, der sich mit seinen zahlreichen Kalendern und theoretischen Schriften zur Astrologie auf diesem Gebiet als erfahrene, wenn auch kritische Autorität einen Namen gemacht hatte, durch den Prager Arzt Dr. Stromayr den Auftrag, für einen »Edel Herr« die Nativität zu stellen. Durch eine Indiskretion Stromayrs war Kepler bekanntgeworden, daß es sich um Albrecht von Wallenstein handelte.

Keplers Prognose beruht auf der Annahme, daß aus der Stellung der Gestirne zur Zeit der Geburt sowie am ersten, zweiten, dritten ... Lebenstag das Schicksal des Horoskopeigners im allgemeinen und der Charakter seines ersten, zweiten, dritten und der fortlaufenden Lebens-

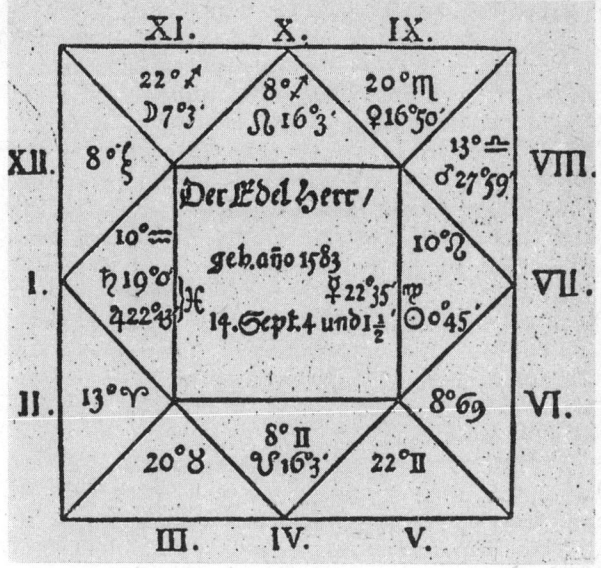

Figur des Keplerschen Wallenstein-Horoskops

jahre speziell vorhergesagt werden könne. Dieses Verfahren wird als Berechnung der *Direktionen* bezeichnet.

Das Wallenstein-Horoskop gewinnt für uns ein besonderes Interesse, weil der Feldherr einige Notizen über die Treffsicherheit hinzugefügt hat, die Kepler später für eine Neuberechnung dienlich sein sollten. Betrachten wir einiges von dem, was Kepler schrieb:

»Ihre fürstliche Gnaden der Herzog von Friedland seind geboren anno 1583 den 14. Sept., Nachmittag umb 4 Uhr und $1\frac{1}{2}'$.«

Zunächst zählt er die Stellung der Planeten in den zwölf Häusern sowie in den Tierkreiszeichen bei der Geburt Wallensteins auf, wie es die Abbildung zeigt. Danach entwickelt Kepler die »General-bedeutung dieser himmlischen Figur« mit der großen Konjunktion von Saturn und Jupiter im ersten Haus, Merkur und Sonne im siebten Haus, die Sonne im Punkt der Herbst-Tagundnachtgleiche sowie vier Planeten in Konjunktion, Opposition, Sextilschein und Trigon untereinander verknüpft. Über die »unterschiedlichen Bedeutungen« dieser himmlischen Konstellationen führt er dann aus:

»So nun dieser Herr geboren ist zu vermelter Zeit, so mag mit Wahrheit gesagt werden, das es nicht eine schlechte nativitet sey, sondern hochwichtige Zeichen habe, als erstlich die große Konjunction von Saturn und Jupiter im ersten Haus, fürs andere Merkur und Sonne im 7. Haus, fürs dritte die Sonne im Punkt der Herbst-Tag- und Nachtgleiche, fürs fünfte 4 Planeten in Konjunktion, Opposition, Sextilschein und Trigon an einander verknüpft. Doch hat sie nebenst einen grossen Fall, das der Mond in das 12. Haus verworffen; zudem werden andere Astrologi sagen, das er im Steinbogk in einem schädlichen Haus sey.

Solchergestalt mag ich von diesem Herrn in Wahrheit sagen, das er ein wachendes, aufgemunttertes, embsiges, unruhiges Gemüth habe, allerhand Neuerungen begiehrig, dem gemeines mentschliches Wesen und Handel nit gefallen, sondern der nach neuen, unversuchten, selzamen Mitteln trachtet, doch viel mehr in Gedanken habe, dann er eusserlich sehen und spüren lässet.«

Und nun folgt ein arges Register von Denk- und Verhaltensweisen: »Der Saturnus im Aufgange machet müssige, melancholiche, allzeit wachende Gedanken, Alchymiam, Magiam, Zauberei, Gemeinschafft zu den Geistern, Verachtung und Nichtachtung menschlicher Gebote und Sitten, auch aller Religionen; macht Alles argwöhnisch und verdechtig, was Gott oder die Menschen handeln als wen es lauter Betrug und viel ein anderes derhinder wäre, dan man fürgibt. Und weil der Mond verworfen stehet, wird ihme diese seine Natur zu einem merklichen Nachtheil und Verachtung bey denen, mit welchen er zu conversiren hat, gedeihen. Gestaltsam er auch seyn wird unbarmherzig, ohne brüderliche oder eheliche Lieb, niemandt achtend, nur ihme und seinen Wohllüsten ergeben, hart über die Unterthanen, an sich ziehend, geizig, betrüglich, ungleich im Verhalten, meist stillschweigend, oft ungestüm, auch streitbar ... unverzagt, Weib und Mann beisammen ...«

Soweit der allgemeine Charakter, von dem Kepler, wie man sieht, nicht viel Gutes zu berichten weiß. Aus den Direktionen leitet er »Ereignisse« im Leben Wallensteins ab: »Im 11., 12. und 13. Jahr des Alters soll es unmutig und widerwillig zugangen seyn ... ein Unglück und vielleicht eine Misshandlung. Im 21. Jahr ist damalen gewest eine große Konjunktion von Saturn und Mars, die wirdt diese Person zu vielen verwirrten Geschäfften, so auch das gemeine Wesen getreffen, disponirt und angereizt haben.«

Zu dieser astrologischen Schlußfolgerung hat Wallenstein »mit eigener Hand darzue geschrieben«: »Im 22. Jahr habe ich die Ungarische Krankheit und die Pest gehabt.« Hier hat Kepler also geirrt. Und ebenso erging es ihm, als er meinte, 1611 werde Wallenstein »vermutlich zu einem Kriegsbefehlich oder sonst politischer dignitet befördert werden. Er mag aber zusehen, das er nicht hitzig oder droz sey, da er mit dem Haupt bezahlen muss, oder fellet er sonsten in eine hitzige Krankheit«. Dazu Wallenstein: »Anno 1611. bin ich nit krank gewest, auch zu keinen Kriegsbefehlich erhoben worden: aber Ungelegenheit hat ich vollauf gehabt. Anno 1615. im September bin ich krank worden und gar kümmerlich mit dem leben davon kommen. In diesem Jahr, etlich wenig Monat vor meiner Krankheit bin ich zu einem Kriegsbefehlich promovirt worden.« So trat doch wenigstens vier Jahre später die Keplersche Prognose ein!

Ähnlich geht es weiter. Für das 33. Lebensjahr sagt Kepler eine Heirat voraus, sie geschieht im 26. Lebensjahr, die zweite Eheschließung im 40., drei Jahre nach dem Termin, den Kepler für eine neue »Weibergunst« ankündigt. Das Podagra (die Gicht), von Kepler für das 47. bis 52. Lebensjahr prophezeit, stellte sich schon im 37. ein. Mit dem 70. Lebensjahr schließlich sollte Wallenstein infolge einer Saturn-Mond-Stellung »ein viertäglich Fieber anstossen oder ein Kalter Fluss, welcher bei diesem Alter schwerlich überwunden wirdt«. Wallenstein wurde mit 51 Jahren ermordet!

Verständlicherweise war Kepler in seinen Formulierungen vorsichtig, wußte er doch, wie selten aus dem Lauf der Gestirne gelesene Ereignisse zutrafen. Deshalb wird er auch nur widerwillig dem Verlangen Wallensteins nachgekommen sein. Er sprach nur von »es soll sein«, »vielleicht«, »wird haben«, »vermutlich« ... Doch die Anhäufung von Fehlprognosen ist so beträchtlich, daß man kein einziges »Goldkörnchen« in diesem Horoskop zu finden vermag. Anders sieht es bei der allgemeinen Charakterschilderung Wallensteins aus, deren wenigstens weitgehende Richtigkeit sicherlich mehr aus Keplers Menschenkenntnis und den Mitteilungen Stromayrs als aus Saturn, Jupiter, Mond ... resultiert.

Im Jahre 1624 trat Wallenstein über seinen Landhauptmann Gerard von Taxis erneut an Kepler heran, unter Berücksichtigung der Korrekturen an den Prognosen von 1608 eine weitere Nativität zu berechnen. Kepler stellt neue Untersuchungen an, korrigiert den Geburtstermin, auf daß er besser zu den astrologischen Ereignissen passe (ein in der Astrologie übliches Verfahren, um die Tatsachen so lange zurechtzubiegen, zu »rektifizieren«, bis sie mit den Prophezeiungen einigermaßen übereinstimmen) und gibt ein nur wenig modifiziertes Horoskop, das nach seiner »Philosophischen Manier nichts anderst, als die vorige« Ableitung von 1608 enthält.

Das Nichteintreffen seiner Voraussagen hinsichtlich Heirat, Krankheiten usw. begründet Kepler mit der grundsätzlichen Erklärung, daß solche »irdische Particularissima« nicht aus den »himmlischen Particularriteten« hergeleitet werden können. Mit anderen Worten: Für so kleine irdische Ereignisse sind die Gestirne nicht zuständig.

Das neue Horoskop endet mit März 1634. Daraus wurde verschiedentlich gefolgert, Kepler habe die Ermordung Wallensteins im Februar 1634 astrologisch vorausgesagt. Diese Behauptung geht an den Tatsachen vorbei. Zum einen erklärt sich der Abbruch der Berechnungen daraus, daß auch für einen geübten astronomischen Rechner wie Kepler die Ermittlung der genauen Planetenstellung über Jahre hinweg ein sehr kompliziertes und langwieriges Unterfangen war. Andererseits endete im Frühjahr 1634 eine Serie von Oppositionen des Jupiter und Saturn, die Keplers Interesse erregen mußte, mit deren Ende er aber seine astrologischen Ableitungen schließen wollte. Dies um so mehr, als Kepler »kheine sonderliche Evidentiam (findet), da doch die Directionen auf die nachfolgende Jahr trefflich gudt seindt. Weill dan so weidt hinausreichende Jahre kheine sonderliche bewegung des Gemüeths verursachen, ichs auch für diessmall an der Zeidt nit habe, so muhesambe und weittläuffige Particulariteten zue continuirn, also will ichs hierbey bewenden lassen«. Fand Kepler im Horoskop Wallensteins weder die Daten für Heirat, Krankheiten und die wechselvolle militärische Karriere des Feldherrn, so schon gar nicht seinen Tod. Ganz im Gegenteil! Folgte man Kepler, müßte die Zeit nach Wallensteins Ermordung »trefflich gut«, ohne »sonderliche bewegung des Gemüeths« für den Horoskopeigner verlaufen sein.

Horoskope für alle Gelegenheiten

Geburtshoroskope können als das hauptsächliche (wenn auch nicht alleinige) Ziel der Astrologie bezeichnet werden. Ausgangspunkt dieser Prognosen ist der mit Minutengenauigkeit festgestellte Geburtstermin. Wer es sich finanziell leisten konnte, bestellte sich einen Astrologen ans Wochenbett, der nach der Entbindung sofort den genauen Zeitpunkt und die Stellung der Gestirne feststellte. Dabei war auch die »Planetenstunde«, in der die Geburt erfolgte, zu bestimmen, da der jeweilige »Stundenherrscher« die charakterlichen Eigenschaften vermittelte.

Sind es die Sterne bei der Zeugung oder bei der Geburt, die das Menschenschicksal bestimmen? Darüber rätselten schon die Astronomen Babylons. Auf den sagenumwobenen Hermes Trismegistos, den »Dreifachgroßen Hermes«, wird eine Regel zurückgeführt, mit deren Hilfe von der Geburt rechnerisch auf die Zeugung geschlossen wurde, weil sich die Stellung der Gestirne, besonders des Mondes, in beiden Momenten in genau definierbarer Weise zueinander verhalten solle. Auch Ptolemäus nahm solche Zusammenhänge an und schrieb: »Denn die Natur veranlaßt, sobald die Frucht des Mutterleibes gereift ist, ihre Geburt unter einem solchen Stande der himmlischen Gestirne, welcher ihrer Veranlagung und der Art, die bei der Empfängnis sich gestaltet hatte, durchaus entspricht. Daher wird der Stand des Himmels bei der Geburt die gleichen Anlagen anzeigen, nicht weil er eine demgemäße Beschaffenheit bewirkt, sondern weil er sozusagen auf den gleichen Ton wie die ursprüngliche Anlage gestimmt ist, und ähnliche Kräfte in sich birgt.« Seiner Meinung nach ist demnach die Empfängnis der »unvollkommene Anfang«, das entscheidende Ereignis. Die Geburtssterne führen nur noch aus, was die Zeugungssterne begannen.

Eine Lösung des Streites kam allerdings nicht zustande, und bis heute gilt in den Kreisen der Astrologen diese Frage als ungeklärt. Angesichts der Jahrhunderte währenden ergebnislosen Diskussionen erklärt man in der heutigen astrologischen Literatur meistens, daß der Zeugungsaugenblick ohnehin kaum genügend exakt bestimmbar ist und außerdem durch die Lebensfähigkeit der Spermien eine Unsicherheit von 24 bis 48 Stunden eintreten kann.

Der Hinweis, das auf den Moment der Geburt erstellte Horoskop habe sich praktisch bewährt, ist eine Behauptung, die erst einmal zu beweisen wäre. Außerdem: Wann eigentlich ist eine Geburt vollzogen? Welche Phase der Fruchtaustreibung ist astrologisch der entscheidende Moment? Bei einem exakten, nach allen Regeln der Kunst erstellten Horoskop kommt es doch auf jede Minute an!

Astrologen beobachten während einer Entbindung den Stand der Gestirne. Nach einer Darstellung im Planetenbuch 1596

Weiterhin unterstehen nach astrologischer Lehre die einzelnen Lebensjahre eines Menschen einem Herrscher. Das erste Jahr wird vom Mond, das zweite vom Merkur usw. in der bekannten Folge regiert. Weil das »große Unglück« Saturn der Regent des 7., 14., 21., 28. usw. Lebensjahres ist, gelten diese Zeiten als Unglücksjahre, es sind die »anni climacterici«. Andere Autoren ordnen den Planeten nicht einzelne Jahre, sondern Lebensalter zu.

Nun müssen wir allerdings zugeben, daß mit der Geburt der Lebensweg festgelegt zu sein schien. Das Kind eines Sklaven wurde ein Sklave, das Kind eines Sklavenhalters ein »Herr«, ein Sklavenhalter, ein Privilegierter.

Welche Möglichkeiten boten sich später dem Kind eines leibeigenen Fronbauern, dem eines kleinen Handwerkers, dem eines Proletariers, das mit vier Jahren der Mutter bei der Heimarbeit half und mit zehn Jahren dem Vater in die Fabrik folgte, um mit schwerer Arbeit ein wenig zum Unterhalt der Familie beizutragen? Geburt war Schicksal, unentrinnbar. Wer sich wie Spartacus dagegen aufzulehnen versuchte, wurde grausam bestraft. Wir finden hier in astrologischen Gedanken die Widerspiegelung der gesellschaftlichen Wirklichkeit einer antagonistischen Klassengesellschaft.

Schon sehr früh wurde eingeräumt, daß auch Umweltbedingungen auf den Menschen prägend wirken, wenn auch der grundlegende Einfluß den Gestirnen zugeschrieben wurde, weil, wie Kepler schrieb, »der Mensch in der ersten Entzündung seines Lebens, wann er nun für sich selbst lebt, und nicht mehr im Mutterleib bleiben kan, (es) einen Charakterem und Abbildung der gesamten himmlischen Konstellationen empfange, und denselben bis in sein Grube hineyn behalte«. Dieser Einfluß prägt sich seiner Meinung nach nicht nur in der »Leibesgestallt« aus, sondern auch in »dess Menschen Handel und Wandel, Sitten und Geberden ... Dass einer wacker, munter, frölich, trausam: Der ander schläfferig, träg, nachlässig, liechtscheuch, vergessentlich, zag wird«, resultiere nicht aus dem Leib, sondern aus der Natur der Seele. Diese habe eine »eyngepflantzte Vernunft, (um) die Geometrie (der Stellung der Himmelskörper) ohn langes erlernen, im ersten Augenblick zu begreiffen«.

Jupiter, Mars und Merkur als Jahresherrscher. Nach einer Darstellung in: Georg Meder, Prognosticon oder Practica Teutsch 1594, Alten Stettin

Doch nicht allein für die Geburt werden Horoskope erstellt, außer den »Nativitäten« gibt es Horoskope für viele Gelegenheiten und Ereignisse.

Entweder aus der geozentrischen Folge der Planeten oder aus dem Tagesherrscher des Neujahrstages wurde auch der Jahresherrscher ermittelt. Aus seiner Natur sowie seiner Stellung zum Mond, zu den Planeten und im Tierkreis beurteilte der Astrologe den allgemeinen Charakter des Jahres – die Aussichten für Witterung, Ernte, Krieg und Frieden, Krankheiten usw. Diese Jahresherrscher schmücken in ihrer Gestalt als antike Planetengötter viele Titelblätter astrologischer Kalender und Jahrespraktiken.

Auch das Welthoroskop, das »Thema mundi«, geht auf eine schon in der babylonischen und altägyptischen Astrologie angenommene Stellung der Planeten im Moment der Weltentstehung bzw. beim Wiederbeginn der sichtbaren Welt zurück. In der griechischen Tradition wird der Mythos vom Weltbrand und der Sintflut auf die Himmelskörper zurückgeführt. Wie schon Berossos (siehe auch S. 29) anführte, hängt das »Thema mundi« eng mit der Vorstellung von den Weltperioden zusammen, derzufolge alle 300 000 Jahre die Erneuerung der Welt abwechselnd durch einen Brand bzw. eine Wasserflut erfolge. Die Ursache liege darin, daß nach dieser Zeit alle Plane-

PROGNOSTICON ASTROLOGICVM,
Auff das Jahr nach der
Geburt JEsu CHRisti 1593.
Gestellet durch
M. David Herlitz, Professorem zum Gryphswald.

KRIEG. 1594.

h

1593. HVNGER.

EVROPA

1592. PESTIS.

AH

Gedruckt zu Alten Stettin durch Joachim Rheten.

Mars und Saturn als Jahresherrscher, ein Komet und zwei Finsternisse
bringen Europa Krieg und die Pest. Titelbild einer Prognostik von Da-
vid Herlitzius für 1593

ten dieselbe Position am Himmel einnehmen wie zur Ur-
zeit. Finden sich alle Planeten im Tierkreiszeichen Steinbock, wird die Erde durch eine Sintflut vernichtet, stehen
sie im Krebs, geschieht dies durch ein Feuer.

Die dem »Thema mundi« zugrunde liegenden Ideen

der Weltperioden waren in der antiken Philosophie weit verbreitet. Auch Hesiod kannte sie in der Abfolge des goldenen, silbernen, ehernen und eisernen Zeitalters. In der Bibel finden wir sie als paradiesische und nachparadiesische Zeit sowie als das Reich Gottes auf Erden. Bei Heraklit (um 500 v.u.Z.) heißt es, »die Welt entstehe aus dem Feuer und löse sich wieder in Feuer auf, in bestimmten Perioden, in stetigem Wechsel in alle Ewigkeit«. Horoskope wurden auch für viele einzelne Ereignisse gestellt: Bauhoroskope für Kirchen, Klöster, Wohnhäuser und Schiffe (nach der Grundsteinlegung bzw. dem Stapellauf), Stadthoroskope (aus dem Zeitpunkt der Gründung) sowie Krönungshoroskope, und neuerdings gibt es sogar Horoskope für eine plötzliche Idee, für Firmengründungen, Rennpferde und Lottozahlen ...

»Ein Arzt soll am ersten ein Astronomus sein«

Schon in der Antike entstand eine umfangreiche astrologische Literatur, die, auf Papyrusrollen oder Tontafeln geschrieben, nur wenig Verbreitung fand. Die astrologischen Ideen selbst wurden im Volk mündlich weitergegeben, von Generation zu Generation. Dem griechischen Bauern war eine einfache Orakelastrologie vertraut, er »wußte« von der lebendigen Kraft der Gestirne, der schrecklichen Vorbedeutung von Kometen, Sonnen- und Mondfinsternissen, und er sah in den Gestirnen die Seelen der Verstorbenen oder die mächtigen Götter mit ihren so irdischen Neigungen zu Liebe und Eintracht, Zank und Streit, Ehrfurcht und Auflehnung. Der einfache Grieche, der auf dem Lande seiner friedlichen Arbeit nachging, formte sich nach alter Überlieferung, die uns z. T. aus den Schriften Homers und Hesiods bekannt ist, sein Weltbild. Ob freier Bauer, Landarbeiter, Handwerker, Händler, Bergwerksarbeiter oder Sklave – von den großen Errungenschaften der griechischen Zivilisation blieben sie weitgehend unberührt. Die meisten Philosophenschulen, in denen manch wichtiger Gedanke entstand – weitschauende Intuition ebenso wie großartiger Irrtum –, waren nach Art religiöser Geheimbünde organisiert. Das religiöse Leben in den Tempeln vollzog sich in komplizierten Riten. Auf dem Lande übte die bäuerliche Bevölkerung oft lokal begrenzte Kulte für Naturgottheiten und für die Götter des Olymps aus.

Erst am Ausgang des Mittelalters waren die ökonomischen Voraussetzungen, die materiellen Möglichkeiten und ideellen Motive für eine weite Verbreitung des Bildungsgutes gegeben. Eine hervorragende Rolle spielte dabei der um 1450 erfundene Buchdruck mit beweglichen Lettern, von dem auch die Astronomie rasch profitierte. Insbesondere Kalender, die in großer Zahl die Pressen verließen, sollen uns zunächst interessieren. Es waren großformatige Einblattdrucke, deren Inhalt vor allem auf die astrologisch betriebene Medizin abgestimmt war. Für das Jahr 1462 wurde z. B. in Mainz ein Kalender gedruckt. Im Kopfteil finden wir die Jahreskennzeichen, wie Goldene Zahl und Sonntagsbuchstaben. Sie dienten zur Ermittlung des Osterfestes bzw. der Wochentage. Darauf folgen die Tabellen für »Newman und volman des mans nach warn lauff auff wienn«, also die Daten der Neu- und Vollmonde für Wien berechnet. Die Monatsbezeichnungen sowie die Stunden und Minutenangaben (in gotischen Zahlzeichen) wurden durch einen Rubrikator mit roter Tinte eingetragen.

Die Art der Datumsangabe weicht von unseren heutigen Gepflogenheiten ab. Wir finden nicht einzelne Tage, sondern Angaben nach den Heiligentagen, wie es im Mittelalter allgemein üblich war. Wollte man mit einem Kalender zurechtkommen, bedurfte dies der Kenntnis des gesamten Heiligenkalenders (aus dem Kopf und nicht aus Nachschlagewerken).

Weshalb aber war die genaue Angabe der Mondphasen so wichtig? Einen ersten Hinweis zur Beantwortung dieser Frage gibt die unter der Mondphasentabelle stehende Vorschrift: »Item iungen leuten ist güet tzü lassen in auffnemenden man und alten in abnemenden man.« Damit sind wir mitten in der Astrologie. Das »lassen«, d. h. der Aderlaß, war im Mittelalter neben Abführmitteln, Klistieren und Schröpfköpfen eine der beliebtesten medizinischen Verrichtungen, die in der Zuständigkeit der Bader, Barbiere und Wundärzte lagen.

Mehrfach ist uns überliefert, daß für alle Angehörigen der zuständigen Zünfte ein verbindlicher Laßzettel ausgewählt wurde, nach dessen Zeiten sich alle Mitglieder zu richten hatten. In Basel wurde 1470 festgelegt, daß der bestätigte Aderlaßkalender zum Abschreiben auszuhängen sei. 1518 hatte der Baseler Rat die Verwendung von Laßzetteln verboten, die nicht zuvor von der Medizinischen Fakultät und dem Stadtarzt geprüft worden waren.

Kalender für 1462 (oberer Teil), mit Neu- und Vollmondtafeln sowie Aderlaßzeiten

Astrologische Almanache fanden damals in allen Schichten Verbreitung. Der Preis war niedrig, der Inhalt einfach und übersichtlich gegliedert, so daß er auch Käufern mit wenig entwickelter Lesefähigkeit zugänglich war. Naive, meist recht anschauliche Bildchen unterstützten die inhaltlichen Aussagen. Die Auflage wird im allgemeinen einige hundert Exemplare betragen haben, was ebenfalls für eine große Verbreitung spricht, da die Laßzettel stets nur für einen bestimmten Ort oder ein Gebiet berechnet wurden und nur dort Verwendung finden konnten.

Ausgehend von Vorschriften der medizinischen Astrologie des Ptolemäus und des Galen, hatte sich ein kompliziertes Regelwerk herausgebildet, mit dessen Hilfe die günstigste Zeit für medizinische Tätigkeiten nach dem Gestirnsstand zu ermitteln war. Hier spielte der Mond die entscheidende Rolle, ebenso bei den Regeln, nach denen das Körperteil für den Aderlaß ausgewählt wird. Grundsätzlich galt: »Hüte dich, ein Glied des Körpers mit dem Eisen zu treffen, so lange der Mond in dem Zeichen steht, dem das Glied zugehört.« Diese Regel beruht darauf, daß jedem Tierkreiszeichen bestimmte Körperteile zugeordnet sind. Die bildliche Darstellung dieser angenommenen Beziehungen ist in den Kalendern und in anderen populären astrologischen Schriften als »Tierkreismann« oder »Aderlaßmann« häufig zu finden.

In unserem Wiener Kalender für 1462 sind für alle Monate aus dem Mondlauf die günstigsten Tage für den Aderlaß verzeichnet, z. B. »Samstag nach dem newen iar an die payn« (2. Januar an den Beinen) oder »an der drey kunig tag und dar nach an das haupt« (6. Januar am Kopf). Die Aderlaßzeiten nahmen in der Regel den Hauptteil der Kalender ein. Sie wurden deshalb häufig als »Laßzettel«, »Aderlaßkalender« oder »Aderlaßzettel« bezeichnet.

Dem Kalender von Hans Roman Wonecker aus Basel für 1499 sind außer dem Aderlaßmann einige Holzschnittfiguren mit kleinen Reimen beigegeben, die an die Bedeutung astrologischer Regeln für medizinische Eingriffe erinnern sollen: »Das tranck solt ich nit hon genomen, Es wer dann ein besser zeychen komen.« Oder: »Nem ich der zeychen nit eben war, So wer ich ouch verderbet gar.«

Neben dem Aderlaß kam in der Volksmedizin dem Baden eine große Bedeutung bei, »sintemal kein Stadt, kein Markt, kein Dorf gering, welches nicht sein Bad habe«. Wie uns zahlreiche Kalenderillustrationen und Planetenkinder-Bilder der Venus zeigen, war der Betrieb in den mittelalterlichen öffentlichen Bädern alles andere als lebensfremd und jenseitsbezogen, sondern voll natürlicher Sinnlichkeit, eher Familienbädern gleich, sofern sich die männlichen Besucher (unter denen auch Mönche gewesen sein sollen) nicht stärker den Bademädchen widmeten.

Ein Büchlein, »Complexionen Der vier zeiten des Jars und der Zwelff Himlischen Zeichen«, 1571 in Dresden gedruckt, führt eine beachtliche Anzahl weiterer Tätigkeiten auf, die nach damaligem Verständnis in den niederen

Aderlaßmann mit den Zuordnungen zwischen Organen und Tierkreis-zeichen. Nach: Johannes Regiomontan, Kalendarium teutsch. Augsburg 1512

medizinischen Bereich fielen und nach dem Mondlauf zu richten waren. So heißt es dort: »Artzney einnehmen Sol gescheen, wenn der Mond ist im Krebs, Wage, Schütz, Fisch, Scorpion, Wasserman.« Die Augen mit Arznei behandeln soll man, wenn der Mond in den Zeichen Zwillinge, Jungfrau, Krebs, Waage, Wasserman, Widder oder Fische steht, Kinder der Muttermilch entwöhnen bei der Mondstellung im Stier, in der Jungfrau, im Steinbock oder im Widder. Weitere Regeln betreffen: »Haar abschneiden, das balde wechst«, »Haar abschneiden, das langsam wechst«, »Ertzney Salben soll man machen«, »Alte schäden anfangen zuheilen«, »Gut wunden anfangen zuheilen« usw. Wenn man bedenkt, daß nach den »Complexionen« das Baden nur erlaubt ist, wenn der Mond im Zeichen Widder, Krebs, Waage, Skorpion oder Fische steht, oder Kopfwaschen nur bei Zwillings- und Jungfraustellung, kann man froh sein, daß der Mond in nur 27,5 Tagen einmal durch den Tierkreis wandert.

Das Einnehmen von Brechmitteln führt nach den Regeln der »Iatromathematik«, der astrologischen Medizin, nur dann zum Erfolg, wenn der Mond sich in günstiger Konstellation mit einem gerade rückläufigen Planeten befindet bzw. im Zeichen des »rückläufigen« Krebses oder eines wiederkäuenden Tieres, wie Widder, Stier oder Steinbock, steht. Zu diesen Zeiten darf aber kein Abführmittel gegeben werden.

Aus der Zuordnung einzelner Körperteile zu den Tierkreiszeichen leitete der astrologisch gebildete Arzt sowohl die Ursachen als auch die Mittel für die Behandlung des Kranken ab. Die »Schädigung« eines Planeten, also eine schlechte Konstellation in einem der Tierkreiszeichen, signalisierte ihm das erkrankte Organ, und in Verbindung mit der *Signaturenlehre* der Planeten fand er die Gegenmittel. Die Signaturenlehre zeigte den angenommenen Zusammenhang zwischen Planeten, Tieren, Edelsteinen, Arzneimitteln usw. auf. Eine Erkrankung der Galle z. B. deutete auf eine Schwächung des Marseinflusses hin, der mit Hilfe »martialischer« Pflanzensäfte, mineralischer Stoffe oder von Edelsteinen (auch als Amulett getragen) gestärkt werden konnte.

Eine besonders intensive Beziehung zwischen Medizin und Astrologie (wie auch Alchimie) findet sich in den Lehren des bedeutenden Volksarztes Paracelsus (1493–1541). Er schrieb: »Ein Arzt soll am ersten ein Astronomus sein. Wo solchs gebricht, da ist der Kranke verführet mit seinem Arzt. Denn der Arzt, der die Astro-

Szene aus dem mittelalterlichen Badebetrieb. Nach einer Darstellung des Planetenkinder-Bildes der Venus in Shaperders Kalender, 1503

nomey nicht kann, der mag nicht ein vollkommener Arzt genannt werden: Denn mehr denn der halbe Teil der Krankheiten wird vom Firmament regieret.« Paracelsus war der Überzeugung, daß der menschliche Körper ein chemisches System sei, in dem die Grundprinzipien Brennbarkeit, Flüchtigkeit und Rückstand (Asche) in einem wohldefinierten Gleichgewicht ständen. Jede Verschiebung dieses Gleichgewichtes führe zu einer Erkrankung, der mit mineralischen Substanzen begegnet werden könne. Bei der Wahl der Arzneien, die auf der Grundlage der Signaturenlehre erfolgte und zu einigen nützlichen Heilmitteln führte, spielen äußerliche Ähnlichkeiten in Gestalt und Farbe mit den zu behandelnden Organen eine große Rolle. In diesem Sinne riet Paracelsus, der auch als Autor zahlreicher astrologischer Grundlagenwerke und Kalenderschriften hervortrat, zur Behandlung anämischer Patienten mittels Eisenverbindungen. Deren rote Farbe korrespondiere sowohl mit dem Aussehen des

Mars als auch mit dem des Blutes und müsse sich deshalb bei Blutmangel günstig auswirken.

Manche Einblattkalender jener Zeit führen außer medizinischen Anweisungen auch günstige Zeiten für Haarschneiden, Säen, Ernten an und geben Prognosen für die Landwirtschaft und die Erfolgsaussichten einzelner Berufsstände. In seltener Ausführlichkeit können wir dies im Kalender für 1487 von Magister Markus Schynnagel finden, der sich selbstbewußt als »ein hochbewerter mayster in der kunst des gestirneß« bezeichnet. Sein Kalender enthält auch einige der ersten gedruckten astrologischen Wetterprognosen, wie: »Der pfingstag wirt in der czait warm und trucken. Das advent wirt kalt naß und windig wetter ... Sag ich gemaynliche naygung disses Jares zu wärmey und feuchtigkayt genaigt sey. Doch sag ich das der anfang disses Jares auch wegen des glenzen des Saturnus genaigt sey zu kelte und von Mercurius des planeten wegen im zaychen deß Fisch sambt Venus darumb genaygt ward zu feuchtigkait.« Die regelmäßigen Wetterprognosen bestanden aus einem fast unentwirrbaren Gemisch astrologischer Ableitung mit jahrhundertealten Erfahrungen des Landmannes. Ihre »Treffsicherheit« hat der Volksmund in dem bekannten Spruch: »Wenn der Hahn kräht auf dem Mist ...« zum Ausdruck gebracht.

David Herlitzius, ein in Zeitz geborener Arzt, der zwischen 1590 und 1647 in jedem Jahr mehrere Kalender verfaßte, berichtet in seiner »Practica« für 1616 von einem Wortgefecht mit einem Seemann, der ihm den Rat gegeben habe, die Wettervorhersagen zu unterlassen, da man ohnehin wisse, daß es im Herbst windiger ist als im Sommer (»Man weet doch süß wol ahne juw, dat Bläsing im Herveste mit groten Stormwinden mehr alse im Samer regheret«) – »Du Unflat (so du noch am Leben bist) Ich werffe meine Perlen vor die Schweine«, entgegnete Doktor Herlitzius und erklärte die Abweichungen der Realität von seinen Prognosen damit, daß die Sterne für die Seeleute nichts Sicheres auszusagen vermögen – wegen des sündhaften Lebenswandels der »Seehähne«, ihres »Fressens« und »Saufens«. Was für Herlitzius noch angehen mag, wirkt über 350 Jahre später um so lächerlicher: »Der Neue Astrologische Kalender für das Saturnjahr 1979«, gedruckt in München, offenbart folgende astrologische Prognose: »Es entwickelt sich in Europa und den mittleren Breiten der Januar '79 als Frostdurchgangsmonat ... gebietsweise Glättebildung ... in Höhenlagen sowohl wie in den Niederungen sind unterschiedliche Schneefallmengen zu beobachten. »Dat weet man doch süß wol ahne Prognostication«, würde ein Seemann dazu sagen!

Die landwirtschaftlichen Prognosen erinnern uns an eine der ältesten Quellen der Zeitrechnung überhaupt, den unabänderlichen Wandel der Jahreszeiten. So weiß Schynnagel für 1487 vorauszusagen: »von dem stand deß brotes und der frucht der erden find ich das disses Jares getrayd sich mittel messig wirt halten doch von ungewitters wegen so umb pfingsten un dar nach künfftig ist, so ist zu besorgen abgang der früchte. Korn in dem jar wirt wol wachsen. Weyn wirt auch woll sten aber er wirt auffsteygen im gelt (teurer werden) nach pfingsten.«

Zweifellos sind bestimmte Vorhersagen aus dem normalen Gang des Jahres ableitbar. In ihrer astrologischen Verkleidung erweckten sie Vertrauen. Wollte sich die Realität jedoch wieder einmal nicht nach den Sternen richten, gab es auch dafür »Gründe«. Eine von Einsicht in gesellschaftliche Mechanismen der Feudalgesellschaft zeugende Erklärung für falsche Ernteprognosen führt Joachim Heller in seiner »Practic« für 1562 an, wenn er darüber klagt, daß alle günstigen Aspekte der Planeten nichts nützen, wenn »die Geitzhälse wol alles verkeren, und auch wol Theurung machen, wann sie die liebe Frucht eingefangen unnd eingesperrt haben, nach jhren gefallen, wenn gleich sonst kein mangel vorhanden ist«.

Von einigen ernsthaften Astronomen wissen wir, daß sie die Voraussagen eifrig mit der Realität verglichen und die Differenzen auf die Unsicherheit des astrologischen Regelwerkes zurückführten.

Im 16. Jahrhundert wurden die großformatigen »Kalenderposter« allmählich durch Buchkalender ersetzt. Diese Ablösung war kein einfacher Modewechsel, sondern dahinter stand der wirtschaftliche Aufstieg der Städte und Territorialfürsten durch Handel und Handwerk, der in den Menschen mehr als zuvor das Interesse an gelehrter Unterhaltung und Bildung weckte. In Gestalt der Buchkalender entstand ein Ratgeber für jeden Tag des Jahres, dessen Informationsgehalt weit über den der Aderlaß- kalender hinausging. Der kalendarische Teil bezeichnete für jeden Tag den zugehörigen Heiligen, den Mondlauf, das Wetter sowie im herkömmlichen Sinne die günstigen Tage für Aderlaß usw. Die sogenannten Schreibkalender ließen zudem in jeder Tageszeile Platz für Notizen. Viel- fach fanden sie deshalb als Geschäftskalender Verwen- dung. Darüber hinaus boten umfangreiche Anhänge aus- führliche Informationen zur Astrologie, meistens bezo- gen auf Medizin und Wetter, auf Sonnen- und Mondfinsternisse, Kometen, Krieg und Frieden, manch Wissenswertes aus der Geschichte, Informationen über Frachttarife der Postkutschen, Markttage, Modeneuigkei- ten u. a.

An kritischen Stimmen gegen die astrologische Kalen- derliteratur hat es bei gründlichen und ehrlich bemühten Zeitgenossen nie gefehlt. Doch der Bedarf war groß, und das Kalenderschreiben galt als einträglicher Nebenver- dienst, was einige Autoren weidlich zu nutzen verstan- den, indem sie Jahr für Jahr eine solche Schrift verfaßten, oft sogar mehrere, die sich nur wenig voneinander unter- schieden. Dabei ist unsere Kenntnis vom wahren Umfang dieser Literaturgattung recht fragmentarisch. Georg Caesius hat wohl nicht übertrieben, als er in seiner »Teut- schen Practick« für 1581 meinte, »fast alle König, Für- sten und hohe Potentaten, auch die fürnemsten Reichs- stett, (haben) ire Astrologos und Calenderschreyber«. Die meisten der kleinen und großen feudalen Herrscher hiel- ten sich ihren Hofastrologen, der in der Regel gleichzeitig Kalenderautor und Leibarzt war. Manche Astrologen er- langten höchste kirchliche Ämter.

Mit der fachlichen Qualifikation der Astrologen stand es freilich nicht immer zum besten. Oft bewältigten sie nur ungenügend die einem Horoskop zugrunde liegenden astronomischen Berechnungen. Lieber wetteiferten sie in der sprachlichen Ausmalung künftiger Schrecknisse, die dem Gestirnsstand zufolge zu befürchten waren. Deshalb beklagte sich Kepler 1610 darüber, daß »nicht allein die Calenderschreiber in grosser Anzahl darbey wol befinden und drüber andere nützliche Arbeyt oder Studia fahren lassen, sondern gantze Druckereyen dardurch erhalten und von neuen auffgebracht werden, weil kein Buch unter der Sonnen ist, dessen so viel Exemplaria verkaufft und alle Jahr wider erneuert werden, als eben die Calendaria und Prognostica«. Beim Niederschreiben dieser energischen Kritik mag Kepler eine Kalenderpraktik der Art vor Augen gestanden haben, wie sie Joachim Heller verfaßte, der für 1562 folgende »Kleinigkeiten« an Leibesgebrechen zu verkündigen wußte: Hunger, Pest, Augen- und Halsweh, viele schwere und unglückliche Geburten, Jammer, Angst und Not für Gewaltige und Reiche, langwierige Krankheiten, Husten, Schwindsucht, beschwerliche Flüsse, Seitenweh, Zipperlein, kalten Brand, Tod der Alten, Gewaltigen, Edlen und Reichen, Vergiftung der Luft, giftiges Geschmeiß und giftige Tiere, jähen Tod, Zerrüttung der Vernunft, mancherlei unerhörte Krankheiten, schwere und alltägliche Fieber, böse Krätze – und das alles aus der »Sprache« der Gestirne! Gut hundert Jahre später meinte Hermann von Werve: »Ein Kalender wird gemeiniglich ein Lügenbuch genennet.« Leider muß diese Ansicht doch als zu optimistisch bezeichnet werden, denn der Glaube an die Astrologie und damit an die Kalenderweisheit war im Volk nach jahrhundertealter Tradition viel zu fest verwurzelt.

Nicht nur für medizinische Dinge werden in der Astrologie die Stellungen des Mondes im Tierkreis und seine Lichtphasen als entscheidende Umstände angesehen, sondern für fast alle Tätigkeiten im Alltagsleben, seien es persönliche Angelegenheiten oder Arbeiten im Haushalt, auf dem Feld, im Garten oder im Handwerk. Stets sei erst zu fragen, wie der Mond steht, ob er günstig oder ungünstig aspektiert ist.

Die schon erwähnten »Complexionen« aus dem Jahre 1571 (siehe S. 71) enthalten insgesamt 118 astrologische Vorschriften aus dem Lauf des Mondes durch den Tierkreis. Sie geben einen Einblick in die Vielfalt astrologischer Prognosen. Für Dinge des persönlichen Lebens finden wir unter anderem: Heiraten, Freundschaft schließen, Reisen, neue Kleider kaufen, Boten aussenden, Schach- und Kartenspiel beginnen, heimlichen Rat geben. Der Kindererziehung gelten Ratschläge für die gün-

Wañ man wil durch Beyschlaffen kinder zeugen/ Sol gescheen wann der Mond ist im

Wieder	♈	Adolphus fuit	
Stier	♉	conceptus	
Krebs	♋	24.	1570.
Wage	♎	an einem	
Steinbock	♑	Sontage den	
Wasserman	♒	8. Octobris.	

Wann man keine kinder zeugen wil/ Sol gescheen das Beyschlaffen / wann der Mond ist im

Zwilling	♊
Lewen	♌
Jungfraw	♍
Fisch.	♓

Astrologische Regeln gab es auch zur Herbeiführung bzw. Verhinderung einer Schwangerschaft. Complexionen Der vier Zeiten des Jars ... Dresden 1571 stigste Zeit, die Heranwachsenden zur Schule zu schikken, sie Fechten, Reiten, Schwimmen, Schießen und Musizieren lernen zu lassen, während die Palette beruflicher Ratschläge vom Vogelfang über Fischen, Jagen, Bäumepflanzen oder -fällen, Aussaat und Ernte bis zum Schuldeneinklagen und zum Kriegführen usw. reicht. Für alle diese Fälle stehen die entsprechenden Mondstellungen verzeichnet. Wer sich von der Richtigkeit der Sternweisheit überzeugen will, befolge am besten die astrologischen Regeln für Kinderzeugung bzw. Schwangerschaftsverhütung: »Wann man wil durch Beyschlaffen kinder zeugen, Sol gescheen wann der Mond ist im Widder, Stier, Krebs, Wage, Steinbock, Wassermann.« Und: »Wann man keine kinder zeugen wil, Sol gescheen das Beyschlaffen, wann der Mond ist im Zwilling, Lewen, Jungfrau, Fisch.«

»Von gefehrlichen Veränderungen«

Ohne Zweifel wurde der Einfluß des Mondes und seiner Lichtphasen in den Prognosen außerhalb des Horoskops in besonderer Weise betont. Doch waren es auch immer wieder unvorhergesehene oder scheinbar unregelmäßige Himmelsereignisse, die die Aufmerksamkeit der Menschen weckten: Finsternisse der Sonne und des Mondes, Kometen, Planetenkonstellationen oder Meteore.

Vor allem Sonnen- und Mondfinsternisse fanden ängstliche Aufmerksamkeit. Was war mit der Sonne, dem Licht- und Wärmespender, der Grundlage allen Lebens geschehen? War sie krank, wurde sie von Dämonen oder wilden Tieren bedroht, hatte sie einen schweren Kampf zu bestehen? Und was geschah bei einer Mondfinsternis? Im alten Griechenland ging die Sage, daß Thessalische Hexen den Mond vom Himmel zögen.

Das Protokoll der im Jahre 743 in Lessines (Belgien) tagenden Kirchensynode enthält ein »Verzeichnis über die abergläubischen und heidnischen Gebräuche der alten Deutschen«. Hier heißt es: »Trat eine solche Mondfinsternis ein, so versammelte sich das Volk auf offenem Feld und rief dem gleichsam kriegführenden Monde zu: Siege Mond! Man machte mit Trommeln, Trompeten, Zimbeln und anderen Instrumenten eine rauschende Musik, um ihm zum Siege zu verhelfen.«

Obwohl während des ganzen Mittelalters die Ursachen der Finsternisse zumindest bei den Gelehrten bekannt waren, galten sie als Zeichen kommenden Unglücks. Aus den näheren Umständen schloß man auf die differenzierte Wirkung. So lehrte Ptolemäus: »Wird der Finsternisort durch eine beflügelte Gestalt beherrscht, wie Jungfrau, Schütze oder den Schwan, so deutet das auf Schäden für das Federvieh, vorzüglich dessen, welches als Nahrung dienen muß.« Ist es ein Wasserzeichen, tritt die Wirkung verstärkt für Wassergetier und Wasserberufe ein, ist die Finsternis am Sommeranfang, nimmt die Ernte Schaden. Noch heute erinnert die Bezeichnung »Drachenpunkt« für die scheinbaren Schnittpunkte zwischen Sonnen- und Mondbahn (in denen Sonne und Mond während jeder Finsternis stehen) an die alte Vorstellung, daß des Mondes Licht erlischt, weil er von einem Drachen verschluckt wird.

In seiner »Practica uber die grossen und manigfeltigen coniunction der Planeten« im Jahre 1524 schrieb Leonhard Rynmann: »So alle schrifften und Chronicken die da sagen von den Geschichten, anfängen, verwandlungen, dauer und zerstörungen aller Kirchen glauben, Reich und Nation von anbeginn der Welt, biß auff diese zeit durchlesen werden, wirt kein anders finden, dann daß die selben geschichten erstlich allweg durch die Constellation des Hymmelß bezaichet und auß den selben einflüssen naygung und wirckung zuwerck gezogen unnd vollendet worden seyen.« Das ist der Grundgedanke der vor allem von arabischen Gelehrten ausgearbeiteten astrologischen Geschichtsbetrachtung, die alle Ereignisse von historischer Bedeutung auf das Wirken der Gestirne, besonders von Planetenkonjunktionen zurückführt.

Niemals zuvor stand ein einzelnes Himmelsereignis so sehr im Mittelpunkt allgemeiner Aufmerksamkeit wie die Große Konjunktion des Jahres 1524. Damals begegneten sich nacheinander und z. T. mehrfach alle ohne Fernrohr beobachtbaren Planeten einschließlich Sonne und Mond, im »wässrigen Zeicnen« der Fische. Große Überschwemmungen sollten die Folge sein. Eine literarische Fehde größten Ausmaßes, an der sich mindestens 56 Autoren mit 133 Drucken beteiligten, setzte ein. Wird tatsächlich eine erneute Sintflut kommen, wird es einen Aufstand »des gemaynen und vil schnöden volckes wider ire Köning, Fürsten und herschafften geben ... also das Zwischen den reichen und armen wenig underschaydt« bleibt (Rynmann), gibt es Verfolgungen der Kirche, kommen neue Propheten, Erdbeben, Pest und unheilvolle Ko-

Planetenkonjunktionen galten als unglückbringende Zeichen, wie der Holzschnitt der »Wunderlichen zamefugung« im Jahre 1504 von Sebastian Brant zeigt.

meten? Tagebücher und andere Quellen belegen, daß durchaus keine »mehrung des Wassers« eintrat und sich deshalb alle Vorsichtsmaßnahmen, wie die Flucht auf Hügel und Berge, erübrigten. In meteorologischer Hinsicht war das Jahr 1524 durchaus »normal«. Daß Philipp Melanchthon 1553 von der »grossen Nässe« des Jahres 1524 infolge der Konjunktion sprach, zeigt nur, wie tief eingewurzelt die Vorstellung von der gedachten Wirkung dieser Zusammenkunft auch in den Köpfen der Gebildeten war. Da viel darüber geredet und geschrieben worden war, hatte Melanchthon das an politischen Ereignissen so bemerkenswerte Jahr noch als »Schlecht-Wetter-Jahr« in Erinnerung.

In einer politisch so bewegten Zeit, wie es die erste Hälfte des 16. Jahrhunderts war, gab es immer genügend irdische Ereignisse, die in Beziehung zu den himmlischen Erscheinungen gesetzt wurden. Schrieb nicht Rynmann vom Aufstand des »gemaynen volcks« und heftiger Bedrängnis der Kirche? Da hätte man ja die »Influxion«, die Einwirkung des Gestirns! Die »Märckischen Annalen« berichteten 75 Jahre später: »So waren auch im selben jahr zwanzig Coniunctiones oder zusammenkünfften der Planeten in einem wässerigen zeichen. Daraus Pro-

Practica vber die grossen vnd ma=
nigfeltigen Coniuction der Planeten/die iñ
Jar.M.D.XXiiÿ.erscheinen/vñ vn=
gezweiffelt vil wunderbarlicher
ding geperen werden.

Nay.Gnaden vnd Freyhaiten/Hüt sich menigklich/dyse meine Pra=
...s zwayen Jaren nach zütrucken/bey verlierung.4.Marck lötige Golde.

Die Planetenkonjunktion 1524 im Zeichen der Fische sollte große
Überschwemmungen, Kriege und Religionsstreitigkeiten bringen. Titel-
blatt einer Schrift von Johann Virdung, Nürnberg 1523

gnosticireten etliche Astronomi eine Sündflut. Sie waren
aber eigentlich vorbotten der Bauern Auffruhr, so im
nachfolgenden Jahr anfieng.« Es gelang den Bauern
nicht, den »underschaydt zwischen den reichen und armen« aufzuheben. Der kühne und verzweifelte Versuch

Die Kometen sind nach antiker Lehrmeinung giftige oder ungesunde wässrige brennende Dämpfe in der irdischen Lufthülle. Nach einer Darstellung in: Johann Schöner, Coniectur odder auszlegung über den Cometen, Nürnberg 1531

wurde in ungleichem Kampf im Blute ertränkt. Doch um diese sozialen Kämpfe vorherzusagen, bedurfte es nicht der Berechnung des Gestirns, sondern der Erkenntnis der Lage des »gemaynen und vil schnöden volckes«.

Kometen galten in der Antike und im Mittelalter als Erscheinungen der Erdatmosphäre. Da in den himmlischen Sphären stete Konstanz herrsche, schloß bereits Aristoteles, könnten Kometen, deren »Lebensdauer« (Sichtbarkeit) meistens nur wenige Wochen beträgt und deren Aussehen schnellen Veränderungen unterworfen ist, keine astronomischen Erscheinungen sein. Sie bestünden, so urteilten er und später auch die Gelehrten des Mittelalters, aus Dämpfen, die von der Erde aufgestiegen und in Brand geraten wären.

Kometen sind Unglücksbringer! Waren sie feuchte Ausdünstungen der Erde, gemischt mit Verwesungs-, Sumpf- und Fäulnisgasen, so mußten sie auf der Erde zu Trockenheit führen, zu Mißernten, Hunger, Not, Preissteigerungen und Tod. Sie zogen die Feuchtigkeit aus dem Blut des Menschen, machten ihn träge und anfällig gegen Krankheiten.

Oft schien es so auszusehen, als ob ein Komet zur Erde zurückkehre. Überschwemmungen sollte er dann mit sich bringen, Unwetter und wieder Mißernten, Not...Tod.

Bei vorurteilsfreier Betrachtung muß man feststellen, daß hier durchaus der Versuch einer rationalen, man möchte fast sagen, physikalischen Begründung der Kometenastrologie vorliegt. Da wurden gelegentlich sogar hiermit nicht vereinbare Behauptungen zurückgewiesen, wie bei Konrad von Megenberg in dessen »Buch der Natur«. Päpste, Kaiser, Könige und andere »hohe Herren«, so meinte er, würden durchaus nicht häufiger infolge eines Kometen den Tod finden, doch ihr Ableben dringe viel weiter, so daß es stärker in das Bewußtsein der Menschen käme.

Auch in der christlichen Weltsicht fanden Kometen ihren Platz, den Georg Caesius im Jahre 1582 wie folgt bestimmte: »Die Kometen sind heimliche verborgene werck Gottes und werden ein zeitlang uns Menschen zur Warnung fürgestellt, das wir, in betrachtung zukünftiger straffen und grosser verenderungen, uns warhafftig zu Gott bekeren, und unser sündlich leben bessern sollen.«

Stand ein Komet am Himmel, versetzte er die Menschen in große Furcht, und vielfach wurden von Fürsten, Städten und Kirchen besondere Maßnahmen zur Abwendung des zu erwartenden Übels unternommen. Durch Gottesdienste, Glockenläuten, Predigten und Kirchgesänge hoffte man, das angedrohte göttliche Strafgericht abzuwenden.

Auf der Einbeziehung der astrologischen Kometenfurcht in christliches Gedankengut beruht die Angst, die den mittelalterlichen Menschen beim Anblick der »geschopft Stern« befiel und die durch Schriften »Von gefehrlichen Veränderungen« weithin geschürt wurde.

Zwiespältig ist das Verhältnis zwischen Christentum und Astrologie stets gewesen. Die ersten Anhänger der neuen Lehre erblickten in den orientalischen Gestirnskulten mit Recht Konkurrenten in religiösen Dingen und verdammten diese energisch. »Wenn ein Mann oder Weib ein Wahrsager oder Zeichendeuter sein wird«, so heißt es in der Bibel, »die sollen des Todes sterben; man soll sie steinigen; ihr Blut sei auf ihnen.« (3. Mos. 20, 27)

Immer wieder wird vor den »Chaldäern«, vor den »Anbetern der Gestirne« gewarnt. Diese ständigen Verbotswiederholungen und Verdammungen offenbaren mit aller

Eines
Edlen Hoch-Weisen Raths
Der Käyserl. Freyen/ und des H. Reichs
Stadt Lübeck/
Christliche
Anordnung/
Wie es bey instehendem/ in Ansehung des jüngst-
erschienenen grossen und schrecklichen
Cometens/
Und besorglich obhandenen vielfältigen Straf-
fen deß durch unsere Sünde zu Zorn
gereitzeten GOttes/
Auff den 10. Febr. dieses 1681. Jahres
angesetztem
Buß- und Bet-Tage
Mit Anstellung und Verübung des
öffentlichen GOttes-Dienstes in den Kirchen
gehalten werden sol.

*Mit Glockengeläut, Beten, Singen und Bußübungen sollte die schreck-
liche Wirkung eines Kometen abgewendet werden, so hoffte 1681 der
Lübecker Rat.*

Deutlichkeit, wie tief die uralten, in gewisser Weise an
die täglichen Erfahrungen der Menschen anknüpfenden
Kulte im Denken und Fühlen der Menschen verwurzelt
waren. Die Debatten auf der Synode in Lessines (743) waren nicht die letzten.

Der italienische Astrologe Cecco d'Ascoli wurde 1327
sogar zum Tode verurteilt und bei lebendigem Leibe ver-
brannt. Er hatte das Geburtshoroskop Christi berechnet.
Doch in der Regel betrafen die meist ohnehin recht zah-

Nach allgemeiner Auffassung in der Antike und im Mittelalter sind Kometen Vorzeichen für Kriege, Seuchen, Not und Tod. Der Unglücksbringer Saturn trägt gemeinsam mit dem Tod einen Sarg, während Kriegsknechte eine Stadt belagern. Am Himmel steht drohend ein Komet. Nach einer Darstellung in: Cyprianus Leovitius, Prognosticon 1564–1607

men und inkonsequent vollzogenen Maßnahmen nicht die Astrologie insgesamt, sondern nur bestimmte Seiten dieser Lehre, zumeist die Horoskoppraxis, die »wahrsagerische« Astrologie.

Wie bei der Auseinandersetzung zwischen der Volksastrologie und der »gelehrten Sterndeutung« stand hier nicht die Astrologie insgesamt zur Diskussion, sondern nur ihre Verabsolutierung gegenüber christlichen Lehren. Das ist auch die Meinung von Rodericus Zamorensis, der in seinem um 1450 verfaßten »Spiegel des menschlichen Lebens« über die Astrologen spottet, manche von ihnen sprächen über die »wirckung der himel« auf den Menschen, »als ob sie in iren räten gesessen seind … und doch nit wissen, was ire weib, schwester oder töchter in seinem eygen hauß schaffen. Ich hab etlich astronomi gekennt deren weiber und schwester nit keusch warent und wolten anderer frauen unkeuscheyt auß irer geburt und gestalt außrechnen«. Der Kern seiner Kritik an der Astrologie liegt jedoch in theologischer Argumentation: »Diese astrologi entziehen der gotheit gewalt und voraussicht so viel das sie sagent, ein mensch werd gelückhafft oder selig allein auß seiner geburt und etlichen einflüssen der Himel und lauf der planeten.« Das Hauptargument war, man solle nicht die Himmelskörper, also die Geschöpfe anbeten, da diese durch den Schöpfer, durch Gott, gelenkt werden und nur seinen Willen verkünden. »Die große Masse aber«, so urteilte Klemens von Alexandria um 200 u. Z., »schreibt das Wachsen und die Veränderungen (auf der Erde) dem Gestirne zu und beraubt so den Vater aller Dinge seiner nie ermüdenden Macht«. Soweit in den Erscheinungen am Himmel der Wille Gottes gesehen wurde und der Gestirnseinfluß auf das Wetter, auf Ernte, Krankheiten und ähnliche Allgemeinheiten beschränkt blieb, gingen auch die christlichen Kritiker mit der »natürlichen Astrologie« konform. Die Seele jedoch sei göttlichen Ursprungs und deshalb nicht dem diesseitigen Einfluß des Himmels unterworfen.

Allerdings geriet auch diese theologische Lehrmeinung im 16. Jahrhundert mehr und mehr in den Hintergrund; sie mußte der durch die christlichen Kirchenväter verbotenen »abergläubischen« Astrologie Platz machen.

Seit dieser Zeit ergänzten Christentum und Astrologie einander. Die Astrologen vertieften durch Aufnahme christlicher Elemente in die Deutung der Himmelserscheinungen die Astrologie, während die christlichen Theologen bei der Interpretation der Glaubenssätze dieselben Erscheinungen in Anspruch nehmen konnten. Schließlich sollten doch nach Moses die Gestirne »Zeichen, Zeiten, Tage und Jahre« geben. Wurde nicht auch Christi Geburt durch einen Stern angezeigt? »Wir haben seinen Stern gesehen«, sagten die »Heiligen drei Könige«, die in der ursprünglichen Bedeutung drei Weise, also drei Sternkundige, aus dem Morgenland waren. Und

Nach biblischer Legende wurde die Geburt Christi durch einen »Stern« angekündigt, der die »Heiligen drei Könige« nach Bethlehem führte. Nach einer Darstellung in: Heilsspiegel, Augsburg 1473

es hieß bei Joel: »... ich will Wunderzeichen geben am Himmel und auf Erden, Blut, Feuer und Rauchdampf. Die Sonne soll in Finsternis und der Mond in Blut verwandelt werden, ehe denn der große und schreckliche Tag des Herrn kommt.« Der »Tag des Herrn«, der »Jüngste Tag« – das Ende der Welt, mit Zeichen am Himmel, mit Finsternissen an Sonne und Mond, mit Kometenerscheinungen werde es angekündigt!

Nikolaus von Amsdorff, ein Mitstreiter Martin Luthers, schrieb 1554 nieder, was damals beinahe alle dachten: »Die Zeichen so oben im Himmel an der Sonnen, Mond und Sternen und auch hienieden auff Erden und im Meer, so vor dem jüngsten Tag geschehen sollen«, zeigen, »dass der jüngste Tag nicht ferne, sondern nahe für der thür sein muss.« Luther stand der Astrologie zwar skeptisch gegenüber, rechnete aber doch die Große Konjunktion von 1524 zu den Zeichen, die dem Jüngsten Tag vorhergehen.

Spätestens im 16. Jahrhundert war die Astrologie vollständig im christlichen Weltbild verankert. Auch Päpste hielten sich ihre Astrologen, die Astrologie war Lehrfach an der päpstlichen Akademie, Theologen aller Hierar-

Szene aus dem biblischen Schöpfungsmythos. Nach einer Darstellung in der 1477 in Augsburg erschienenen Bibel

chieebenen stellten Horoskope. Die Einschränkung, daß die Sterne nur auf das Körperliche, nicht aber auf den Geist wirken könnten, galt nicht mehr viel. Man orientierte sich mehr an dem Leitsatz: »Die Sterne regieren die Menschen, aber Gott regiert die Sterne.« Damit konnte schließlich jede beliebige Ausdehnung des Einflusses der Gestirne akzeptiert werden – hinter allem stand schließlich der Wille Gottes! Erschien ein Komet am Himmel, war dies eine Warnung Gottes. Besannen sich die Menschen auf ihre Pflichten gegenüber der Obrigkeit und ließen sie von »sündhaftem« Lebenswandel ab, könnte Gott

Ein Erbärmliche newe Zeitung.

Von dem erschrecklichen Wunderwerck / so sich im Thü-
ringer Lande/ über der Hoch und weitberühmten Statt Erffurt in Wolcken
begeben vnd zugetragen hat.
Im Thon: Es ist gewislich an der Zeit/ rc.

*Flugblatt auf eine Himmelserscheinung in Erfurt 1627. Nachdem
Wallenstein bei Dessau über Mansfeld und Tilly bei Lutter am Bären-
berge über Christian von Dänemark gesiegt hatte, mußten die prote-
stantischen Bewohner Erfurts nun auch für ihre Heimatstadt schlechte
Zeiten befürchten. Kein Wunder, daß sie nun sogar in den Wolkenbil-
dungen allerhand ungünstige Vorzeichen entdeckten!*

vielleicht noch einmal den Jüngsten Tag aufschieben.
Der Gottgewolltheit der Naturereignisse entsprach die
Gottgewolltheit der sozialen Verhältnisse. Die Astrologie
spielte auf diese Weise im Feudalismus eine wichtige sy-
stemerhaltende Rolle. Doch auch manch scharfes Wort
gegen weltliche Machtansprüche der Kirche, gegen die
unmenschliche Ausplünderung der Bauern, gegen die
raubenden, mordenden und brennenden Ritterscharen
findet sich in astrologischen Schriften. Die Astrologie
hatte mit ihren Prophezeiungen vom Untergang der Kirche, vom Wandel des weltlichen Regiments keinen unerheblichen Anteil an der geistigen Vorbereitung der Refor-
mation und des Bauernkrieges.

Durch die Verbindung der verschiedensten »Zeichen am Himmel« mit der christlichen Erwartung des Jüngsten Tages nahm der astrologische Fatalismus jedoch eine für die Menschen besonders bedrückende Form an. Bei dieser Weltsicht verliert der Mensch fast völlig seine aktive, sein Dasein gestaltende Kraft. Er wird zum niedergedrückten, passiven Spielball weit über ihm stehender kosmisch-göttlicher Einflüsse.

Eine »verständige Mutter« und ihr »närrisches Töchterlin«

Seit der Mensch denken kann, strebt er nach geistiger Erfassung der Umwelt, nach Erkenntnis zukünftiger Dinge, die sein Leben beeinflussen, sucht er nach den äußeren Bedingungen seines Handelns. Weil es in weiten Bereichen des Lebens lange Zeit keine wissenschaftlichen Einsichten gab, die diese Zusammenhänge hätten erklären können, wurden phantastische Beziehungen erdacht, in die ganze Völker und ihre Herrscher und schließlich auch jedes Individuum »verstrickt« war. Daß diese Erklärungen genauso phantastisch waren wie ihre Grundlagen, vermochte erst die Nachwelt festzustellen. Das Weltverständnis der Menschen jener Zeiten war durchgehend astrologisch überformt. Astrologische Regeln ersetzten mangelnde Kenntnisse von den Zusammenhängen in Natur und Gesellschaft.

Ihren Höhepunkt erlebte die Astrologie vom Ende des 15. bis zur Mitte des 17. Jahrhunderts. Vorbereitet wurde diese Entwicklung durch arabische Gelehrte, die nach dem Untergang des römischen Weltreiches die Nachfolge der klassischen Zeit antraten. Besonders seit dem 9. Jahrhundert bemühten sich arabische Gelehrte mit Erfolg um die Übersetzung und das Verständnis der alten Schriften, auch um die des Ptolemäus. Sie erwiesen sich als gelehrige Schüler, beobachteten mit z. T. selbstentworfenen und gewaltigen Instrumenten, wie dem Mauerquadranten des Ulug Beg in Samarkand, prägten mit manch eigenständigen Leistungen das Bild der späteren Astronomie und entfachten bedeutsame philosophische Diskussionen. Ihre Werke, die seit dem 12. Jahrhundert in Europa immer bekannter wurden, trugen erheblich zur Verbrei-

Eine persische astrologische Handschrift aus der Zeit um 1250 zeigt die Venus mit einer Laute, daneben den Mond im Sternbild des Krebses. Darunter von links nach rechts: Saturn, Jupiter, Merkur, Venus und Mars, ebenfalls in allegorischer Darstellung.

tung der antiken Astronomie und Astrologie bei. Viele klassische Werke begannen ihren Siegeszug im europäischen Geistesleben dank der Übersetzung aus dem Arabischen ins Lateinische. Die griechischen Originale wurden zumeist erst im 15. Jahrhundert oder etwas später bekannt.

Durch die Doppelübersetzung vom Griechischen ins Arabische und später ins Lateinische hatten sich zahlreiche Fehler in die Texte eingeschlichen, deren Ausmerzung eines der erklärten Ziele humanistischer Gelehrter seit dem 15. Jahrhundert war. Die Renaissance hatte die Antike »wiederentdeckt«. Die Pflege griechisch-römischer Kultur, die Aneignung alter Bildung, das Ringen um Erkenntnis und Wahrheit stellten die Humanisten in den Dienst eines Weltbildes, das den tätigen Menschen als natürliches und gesellschaftliches Wesen mit einer optimistischen, das Leben bejahenden Einstellung begriff. Die Astrologie hatte von Anfang an hier einen festen Platz, galt sie dem Renaissancegelehrten doch als die Lehre von der Einbettung des Menschen in den Kosmos, damit als eines der wesentlichen Elemente der Verwurzelung des Menschen in der Natur.

Schon Ptolemäus hatte die Einwirkung der Gestirne als ein komplexes Wirkungsgefüge betrachtet, in das auch die Umwelt und die Erziehung hineinspielen, und damit den Astralfatalismus zurückgewiesen. Er meinte, daß es nur am Himmel eine vollständige Vorherbestimmbarkeit gebe, jedoch auf der Erde in alle Abläufe zufällige Faktoren hineinspielen. Doch dem freien Willen blieb im astrologischen System des Ptolemäus nur wenig Raum. Und wenn es im Mittelalter hieß: »Der weise Mann überwindet den Einfluß der Gestirne«, dann müssen wir dies in erster Linie vor dem Ideal der »stoischen Ruhe« sehen. Liest der »weise Mann« sein Schicksal aus den Sternen, kann er gelassen in die Zukunft sehen. Er ändert zwar nicht den Gestirnseinfluß, aber sein Wissen gibt ihm Gelegenheit zur Vorbereitung, stärkt seine Kraft, das Schicksal zu ertragen.

Im Denken der Humanisten der Renaissance bildeten Astrologie, Lebensfreude und Aktivität des Menschen durchaus keinen Widerspruch. Da die Sterne nicht »zwingen«, sondern nur »geneigt« machen, blieb für den freien Willen genügend Raum, und die wissenschaftlich verstandene Astrologie war der Versuch, die Naturbedingungen des menschlichen Handelns genauer zu begreifen und durch das Wissen um die Dinge der aktiven, schöpferischen Tätigkeit die nötigen Freiräume zu schaffen. Die Grenzen der Willensfreiheit durch astrale Einflüsse faßte man als naturgegeben auf und bewertete sie unter diesem Aspekt nicht negativ. Nur wenige Renaissancegelehrte gingen über diesen Stand hinaus und verwarfen die Astrologie völlig.

Nicolaus Copernicus

Von der »Astrologisierung« des Weltbildes hat die Astronomie lange Zeit profitiert. Horoskope jeder Art haben die Kenntnis der Gestirnspositionen für beliebige Zeiten zur Voraussetzung. Um die erforderlichen Berechnungen durchführen zu können, wurden exakte Tafelwerke benötigt, die auf Himmelsbeobachtungen beruhten. Sie enthielten sowohl Berechnungsparameter der Planetenbahnen als auch die Positionen wichtiger Fixsterne. Auf dieser Grundlage konnten die gewünschten Planetenörter, die Ephemeriden, ermittelt werden. Für die Herstellung solcher Tafeln war bei astrologiegläubigen Herrschern das nötige Geld zu bekommen. Sie investierten gern, wenn »sichere« Horoskope in Aussicht standen. Und so schrieb denn auch Kepler: »Es ist wol diese

Saturnus   Jupiter   Mars   Sol

Die Wochentage mit ihren »Planetenregenten«, die in geozentrischer Folge angeordnet sind, nach einem englischen Druck aus dem Jahre 1503

Astrologia ein närrisches Töchterlin aber lieber Gott, wo wolt jhr Mutter die hochvernünfftige Astronomia bleiben, wann sie diese jhre närrische Tochter nit hette, ist doch die Welt noch viel närrischer, und so närrisch, dass deroselben zu jhren eigenen nutz diese alte verständige Mutter die Astronomia durch der Tochter Narretey nur eyngeschwatzt und eingelogen werden muss. Und seind sonsten der Mathematiker einkommen so seltzam und so gering, dass die Mutter gewisslich Hunger leyden müsste, wann die Tochter nichts erwürbe.« Kepler konnte aus bitterer Erfahrung sprechen, hatte er doch zeit seines Lebens große Mühe, bei drei Kaisern, bei Fürsten und Landständen die Astronomie »einzuschwatzen und einzulügen«. Seit 1594 verfaßte er regelmäßig Kalender mit zwar vorsichtig formulierten, aber doch herkömmlichen astrologischen Prognosen. Er sicherte sich auf diese Weise die materiellen Mittel für seine Forschungen.

Venus   Mercurius   Luna

Seine Stellung als Kaiserlicher Mathematiker in Prag
erhielt Kepler mit der ausdrücklichen Verpflichtung, die
von Tycho Brahe geplanten »Rudolphinischen Tafeln«
fertigzustellen. Die Aussicht auf bessere Planetentafeln
war das entscheidende Motiv dreier Kaiser, dieses bedeutende Werk der Astronomie zu fördern. Eine höhere Genauigkeit brachten die »Tabulae Rudolphinae« tatsächlich, doch in einem ganz anderen Sinne, als die
Auftraggeber beabsichtigt hatten! Mit der Ausarbeitung
seiner Planetentafeln hatte Kepler nämlich den ersten bedeutenden Schritt zur Anerkennung des heliozentrischen
Weltsystems von Nicolaus Copernicus getan. Keplers Planetenephemeriden, die auf dem Werk des Copernicus ba-
sierten, wiesen eine bis zum 18fachen größere Genauigkeit als die bis dahin gebräuchlichen auf. Und weil die
ganze »astrologische Welt« den Wert jeglicher Theorie
danach bemaß, wie sie die Horoskopberechnungen för-
derte, wurde man auf das kopernikanische Weltbild nun
sehr aufmerksam, das zuvor kaum mehr als ein Kuriosum
galt (wenn man überhaupt von ihm Kenntnis nahm). Die

Saturntafel und Gesamtansicht der Planetenlaufuhr von E. Baldewein und H. Bucher (1563–1567). Diese Uhr ist eine der prunkvollsten und technisch ausgereiftesten astronomisch-astrologischen Schauuhren, die neben der Zeit auch kalendarische Daten sowie den Lauf der Planeten anzeigen.

Auch hier erscheint Saturn als das »Große Unglück« (vgl. die Darstellungen auf S. 2 und 44).

»närrische Tochter« erwies der »alten verständigen Mutter« einen großen Dienst. Das neue Weltbild gelangte in den Mittelpunkt der Diskussion. Doch es entfernte den Menschen aus der wohlbehüteten Weltmitte und versetzte ihn auf einen um die Sonne laufenden normalen Planeten.

Widersprach dies nicht jahrtausendealter Lehre, dem direkten Augenschein und den Forderungen der Theologie? Allerdings, aber an der vordem unerreichten Präzision astronomischer Berechnungen auf der Grundlage

dieses »ketzerischen Systems« kam niemand vorbei, der
es mit der Wissenschaft ernst meinte. Schwerwiegend waren auch die ersten astronomischen Entdeckungen mit
dem Fernrohr: Sonnenflecke, Jupitermonde, Berge und
Täler auf dem Mond. All dies, was·jeder sehen konnte,
bewies zwar nicht das kopernikanische System, erschüt-
terte aber die Grundlagen der alten, dem System des Ptolemäus zugrunde liegenden Physik. Als dann Isaac

Newton um 1680 zeigen konnte, daß nur die Sonne mit ihrer dominierenden Gravitationskraft die Rolle des Zentralkörpers in unserem Planetensystem spielen kann, gab es bald kaum noch Anhänger der geozentrischen Astronomie.

Die Astrologie war es, die neben der Suche nach sicheren Methoden der geographischen Ortsbestimmung und der Kalenderrechnung den Blick des Menschen im Mittelalter und zu Beginn der Neuzeit zum Himmel gelenkt hatte, wie Kepler schrieb: »Wenn zuvor niemand so thöricht gewest were, dass aus dem Himmel künfftige Dinge zu erlernen Hoffnung geschöpfft hette, so werest auch die Astronomie so witzig nie worden.«

Nur wenig bekannt ist, daß unsere Wochentagsnamen ihre Herkunft aus der astrologischen Herrscherlehre haben. Die Astrologie setzte für jede Tagesstunde, jeden Tag, jedes Jahr und jedes Lebensalter sogenannte *Herrscher* ein. Warum ist der Montag »Tag des Mondes«, der Sonntag »Tag der Sonne«? Diese Zuordnung beruht darauf, daß in der geozentrischen Folge Mond – Merkur – Venus – Sonne – Mars – Jupiter – Saturn jeder Planet jeweils eine Tagesstunde regiert. Zählen wir auf diese Weise, ausgehend von der Sonne, die 24 Tagesstunden durch, erhalten wir als Herrscher der 25. Stunde den Mond usw. Diesem Herrscher der ersten Stunde wurde der ganze Tag geweiht, und seit dem 1. Jahrhundert v. u. Z. ist die darauf beruhende Wochentagsbenennung nachweisbar:

Wochentag	Lateinischer Name	Planetengott
Montag	dies Lunae	Mond (Luna)
Dienstag	dies Martis	Mars (Genitiv Martis)
Mittwoch	dies Mercurii	Merkur
Donnerstag	dies Jovis	Jupiter (Genitiv Jovis)
Freitag	dies Veneris	Venus (Genitiv Veneris)
Sonnabend	dies Saturni	Saturn
Sonntag	dies Solis	Sonne (Sol)

Unter den Tagesstunden sind nicht die von uns heute gebrauchten gleich langen »Äquinoktialstunden«, sondern die ungleichen »Temporalstunden« zu verstehen. Sie lassen sich berechnen, indem jeweils die Tag- und Nachtzeit zwischen Sonnenauf- und Sonnenuntergang in zwölf gleich lange Zeitabschnitte geteilt wird. Nach diesem Verfahren ergeben sich im Sommer lange, im Winter kurze Tagstunden von rund 80 bzw. 40 Minuten. Umgekehrt verhält es sich mit den Nachtstunden. Die alten Römer konnten die ungleich langen Tagstunden auf ihren Sonnenuhren direkt ablesen, und auch die astronomischen Großuhren des Spätmittelalters, wie die in Stralsund, Rostock, Bad Doberan oder am Altstädter Rathaus in Prag, hatten eine spezielle Skale für diese Anzeige.

Mit der Ausbreitung des christlichen Glaubens und der römischen Kultur fanden die lateinischen Wochentagsnamen in die meisten Sprachen Mittel-, West- und Nordeuropas Eingang, wenn auch z.T. mit Modifikationen. Wohl am vollständigsten war die Übernahme in den romanischen Sprachen, während in den germanischen zwar die alte Bedeutung gewahrt ist, aber die Götternamen durch die entsprechenden Bezeichnungen der germanischen Mythologie ersetzt wurden: Mars durch Tiu (Tyr oder Ziu), den germanischen Kriegsgott, Jupiter durch den Gott Donar (Thor) und die römische Liebesgöttin durch ihre germanische »Amtskollegin« Freyja (Frija).

Das kopernikanische Weltbild und die Astrologie

Brachte die Renaissance mit dem von Nicolaus Copernicus, einem der »Geistesriesen« jener Zeit, entworfenen heliozentrischen Planetensystem nicht die entscheidenden Antriebe zur Überwindung der Astrologie hervor? Auf die Frage, ob es für die Astrologie einen Unterschied mache, »ob Himmel oder Erden umbgehen«, d.h. sich bewegen, meinte Johannes Kepler, daß die Erkenntnis der Erdbewegung um die Sonne »die Astrologiam nicht verdächtig macht, weil es sie nichts angeht, denn es ist genug, dass der Astrologus siehet, wie die Lichtstrahlen jetzo von Osten, dann von Mittag, endlich von Westen daher gehen, und darauff gar verschwinden: Das ist genug, dass man weiss, wann zween Planeten neben einander gesehen werden, und wann sie gegen einander uberstehen, oder wenn sie ein sextilem, quintilem, quadratum etc. machen ... Denn die Geometria oder Harmonia der Aspecte ist nicht zwischen den Sternen im Himmel, sondern hienieden auff Erden in dem Ort, der die Liechtstraalen sämptlich auffängt«. Das ist konsequent astrologisch. Gehen wir diesem Gedankengang ein wenig nach. Die Astrologie beschreibt die vermeintliche Wirkung der Gestirne auf die Erde. Die Himmelskörper werden mit spezifischen Eigenschaften ausgestattet gedacht. Sie üben auf die Erde, entsprechend ihrer gegenseitigen Stellung und der sich so ergebenden Resultante der Mischung ihrer jeweiligen Eigenschaften, eine Wirkung aus. Ob dabei die Erde im Mittelpunkt steht oder sich um die Sonne bewegt, ist tatsächlich in diesem Zusammenhang unerheblich. Entscheidend ist die Stellung der Gestirne, wie sie von der Erde aus gesehen wird, denn nur danach richtet sich ihr Einfluß. Wenn wir sagen, die Astrologie ist geozentrisch, heißt das, sie gibt vor, Dinge zu beschreiben, wie sie für die Erde zu sein scheinen. Das ist jedoch nicht notwendig an die Annahme der zentralen Stellung der Erde im Planetensystem gebunden. Wie sollten wir es auch sonst verstehen, daß gerade Kepler, der erste bedeutende Kopernikaner, im 17. Jahrhundert einer der Vertreter der den Menschen als integralen Teil des Kosmos behandelnden Astrologie war? Doch in seiner Astrologie ist dem freien Willen des Menschen ein viel größerer Spielraum als je zuvor gegeben. Hier findet sich nichts Mystisches, nichts Niederdrückendes. Kepler entwirft ein zwar falsches, aber dennoch großartiges Bild der Einbettung des Menschen in den Kosmos. Nach seiner Meinung wirken die Himmelskörper kraft ihrer physikalischen Natur. Sie sind trocken oder feucht, warm oder kalt, Eigenschaften, die sich in erster Linie nach der Nähe der Planeten zur Sonne richten. Für die drei »oberen« Planeten heißt das: Mars steht der Sonne am nächsten, er hat ein Übermaß von trockener Hitze. Jupiter ist der mittlere. Er wirkt ausgleichend an Wärme und Feuchtigkeit. Saturn hat ein Übermaß an Feuchte, die wegen seiner Kälte gefroren ist. Auf diese Weise versucht Kepler, seiner Astrologie ein physikalisches Fundament zu geben. Die Wirkung der Planeten gelange durch ein nichtkörperliches Mittel zur Erde. Weil der Mensch ein Teil des einheitlichen Kosmos ist, habe er ein »noch zur Zeit verborgenes auffmercken« auf diese »species immateriata«, ähnlich, wie musikalische Harmonien und Disharmonien unseren Geist zu beflügeln oder zu beruhigen vermögen.

Die grundsätzliche charakterliche Prägung des Menschen durch die Gestirne bei der Zeugung oder bei der Geburt ist nur ein Faktor im komplizierten Gefüge des Schicksals. Auf die Frage, ob die Astrologie für alle Details des Schicksals eine Antwort geben könne, antwortet Kepler: »Ich halte aber diese Weise für unmüglich, abergläubisch, wahrsagerisch. Nemlich nach dieser Regul, da welcher Astrologus eine Sache bloß und allein aus dem Himmel vorsagt und sich nicht fundiret auf das Gemüth, die Seele, Vernunft, Kraft oder Leibesgestalt desjenigen Menschen, dem es begegnen soll, der gehet auf keinen

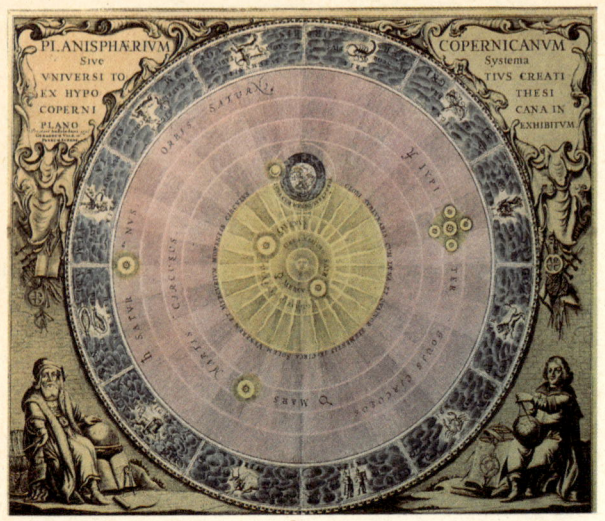

Das kopernikanische Weltsystem. Darstellung im Sternatlas »Harmonia macrocosmica« des A. Cellarius, Amsterdam 1661

rechten Grund, und so es ihm schon gerathe, sey es Glücksschuld, sintemal alles, was der Mensch vom Himmel zu hoffen hat, da ist der Himmel nur Vater, seine eigene Seele aber ist die Mutter darzu. Also hoffet man vergeblich ein Glück von oben herab, dessen man keine Anleitung in des Menschen Seel und Gemüth findet.« Wenn auch durch die Geometrie der Geburtsgestirne eine bevorzugte Persönlichkeitsentwicklung im allgemeinen vorgegeben ist, bleibt das Schicksal offen, weil ein jeder »durch böse Gesellschaft« oder »fleissiges Auffmercken auff der Welt Lauff« seines Glückes »eygener Meister« ist. Horoskope und Tagewählerei sind in Keplers Augen »willkürliche Wercke«, durch deren massenhafte Verbreitung sich die Astrologie bei allen wirklichen Forschern und Philosophen »verdächtig gemacht«, in Mißkredit gebracht habe.

Auf die negativen ethisch-moralischen Konsequenzen der Astrologie-Gläubigkeit machte auch der wohl bedeutendste Gegner der Astrologie, der Renaissancephilosoph

Giovanni Pico della Mirandola, aufmerksam. Heinrich Brucaeus, Professor an der Rostocker Universität, faßte um 1580 diese Einwände so zusammen: »Nimmt man an, daß die Gestirne alle irdischen Veränderungen hervorbringen, und daß sie Einfluß auf die Seelenkräfte und auf die Moralität des Menschen haben: so geht sogleich der freye Wille verlohren, so sind wir Sclaven der himmlischen Kräfte, und Niemand ist für seine Handlungen verantwortlich.«

Aus einer mehr abwägenden Geisteshaltung entsprang der oft wiederholte Grundsatz der »gelehrten Sterndeutung« »Astra inclinant sed non necessitant« (»Die Sterne machen nur geneigt, aber sie zwingen nicht«), wie eine Inschrift auf der astronomischen Uhr in der Stendaler Marienkirche (um 1500) besagt.

Das 17. Jahrhundert brachte jedoch auch die ersten schwerwiegenden Widerlegungen der Astrologie, sowohl wissenschaftlicher als auch weltanschaulicher Art. Da wären zunächst die Fortschritte der Kometenforschung. Schon im Jahre 1577 schloß Tycho Brahe aus Beobachtungen des damals erschienenen Kometen, daß diese Himmelskörper den Sternsphären zugehören und keine Objekte der Erdatmosphäre seien. Er hatte recht, doch die alte aristotelische Auffassung war viel zu sehr im Denken der Gelehrten verwurzelt, als daß sie durch diese vereinzelte Beobachtung hätte erschüttert werden können. Noch einmal hundert Jahre mußten vergehen, ehe sich eine Wandlung abzeichnete. Der Jahreswechsel 1680/81 brachte einen Kometen, wie er selten so prächtig und über Wochen hinweg gesehen werden konnte. Unter den fleißigen Beobachtern befand sich Georg Samuel Dörffel, Geistlicher und Amateurastronom in Plauen. Seine Beobachtungen reichten vom 22. November 1680 bis zum 7. Februar 1681. Das war ein sehr langer Zeitraum, und die Genauigkeit seiner Registrierungen, über die er in seinen Veröffentlichungen Rechenschaft ablegte, ermöglichte ihm weitreichende Schlüsse. Dörffel fand die Kometen nicht nur »sehr viel weiter als 10 000 Meilen von uns« entfernt und damit im supralunaren Bereich, sondern er bemerkte auch, daß seine Beobachtungen nur mit der Annahme einer parabolischen

Weltuntergangsvision mit Kometen; nach J. Scheuchzer, Physica sacra, 1734

Bahnform vereinbar waren. Bald darauf wagte Edmond Halley (ohne Kenntnis der Dörffelschen Arbeiten) den Versuch, auf der Grundlage des Newtonschen Gravitationsgesetzes die Bahn eines Kometen zu berechnen. Wie wohl alle Astronomen des 17. Jahrhunderts hatte auch er sich für die Kometen interessiert. Nachdem sich etwa um 1650 die Erkenntnis Bahn gebrochen hatte, daß Kometen kosmische Körper und keine Erscheinungen der Erdatmosphäre sind, erweiterte Halley die Fragestellung. Beim Studium zahlreicher Kometen fiel ihm auf, daß die Erscheinungen von 1531, 1607 und 1682 nicht nur einen ähnlichen Lauf am Himmel vollzogen, sondern zwischen ihnen jeweils etwa 75 Jahre verstrichen waren. So wagte er die Hypothese, es könnte sich um ein und denselben Kometen handeln, der periodisch zur Sonnennähe wiederkehrt, und sagte seine erneute Sichtbarkeit für 1758/59 voraus. Diese erste wirkliche »Kometenprophezeiung« traf mit der Entdeckung des Himmelskörpers am 1. Weihnachtstag 1758 durch Johann Georg Palitzsch in Prohlis bei Dresden ein, und seither trägt dieser Komet den Namen seines ersten Berechners »Halley«.

Was blieb nun von ihrer astrologischen Bedeutung, welche Wirkung haben die Kometen auf den Menschen? Der Weg der Kometen am Himmel wird nicht von einem erzürnten göttlichen Wesen gelenkt, sie verursachen auf der Erde keine Dürre, keine Unwetter, keine Kriege ... Der Kometenastrologie war der Boden so offensichtlich und vollständig entzogen, daß die Furcht vor diesen Himmelskörpern fortan nur noch als ein Kuriosum in der Weltgeschichte fortlebte. Lediglich bei leichtgläubigen oder ungebildeten Zeitgenossen riefen sie Schrecken hervor.

Eine Neuauflage der Kometenfurcht ereignete sich im 18. und 19. Jahrhundert, als man Kometen für sehr massereiche Himmelskörper hielt, die bei einem Zusammenstoß mit der Erde den »Weltuntergang« herbeiführen könnten, die Erde einfach in Stücke zerbrechend. Reste dieser Angst waren noch 1910 zu spüren, bes. als bekannt wurde, daß die Erde vermutlich den Schweif des Kometen Halley passieren würde, in dem kurz zuvor auf spektroskopischem Wege u. a. Blausäure entdeckt worden war. Nicht alle Menschen ließen sich davon überzeugen, daß die Dichte der Schweifmaterie so außerordentlich gering ist, daß nicht die kleinste Veränderung der Erdatmosphäre zu bemerken sein wird, wie dies dann tatsächlich eintraf.

Die Zurückführung aller kosmischen Erscheinungen auf die Gesetze vor allem der Gravitation und der Fliehkraft verbannte sämtliche magischen und irrationalen Kräfte aus dem Kosmos.

Die Wandlungen in der Gesellschaft taten ein übriges. Die aufstrebende Bourgeoisie drängte seit dem Ende des 17. Jahrhunderts zunächst in England, später in Frankreich und Deutschland auf die Emanzipation des Individuums. Die »Aufklärung« unterzog alle Inhalte bisheriger Weltanschauung einer Revision und brachte sie, wie

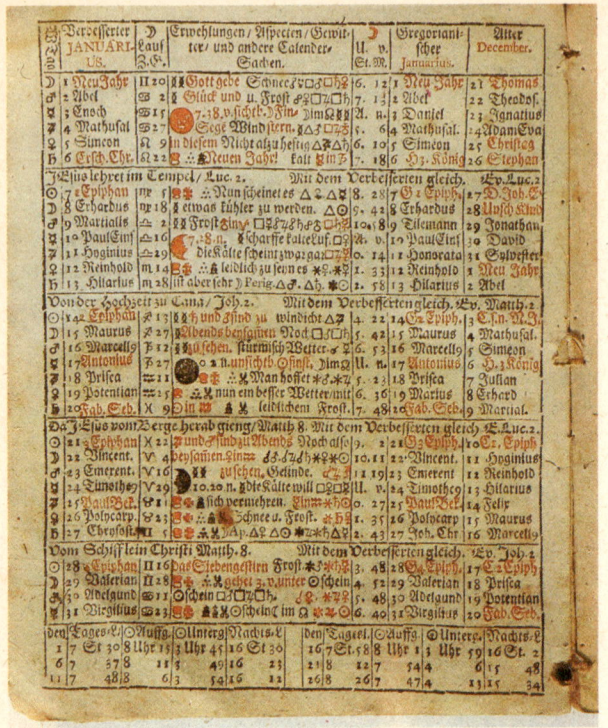

Januarblatt des »Verbesserten Calenders Auff das Jahr … MDCCIII. Auff Sr. Königl. Majest. in Preussen/Churmärckische und … benachbarte Lande gerichtet. Und herausgegeben unter Approbation Der Brandenburgischen Societät der Wissenschaften«

Friedrich Engels schrieb, vor den »Richterstuhl der Vernunft«. Die durch naturwissenschaftliche Forschungen schwer angeschlagene Astrologie vermochte ihre Existenzberechtigung nicht zu erweisen. Allzutief war die düstere Volksastrologie mit der feudalen Ideologie verbunden und in die Nähe von Teufels- und Hexenglauben geraten. Im Zuge des Strebens nach religiöser und politischer Freiheit und einer auf den Fortschritt der Wissenschaft, auf freie Entfaltung des »Unternehmergeistes«

110

orientierten Kultur büßte die auf astralen Abhängigkeiten beruhende Astrologie ihren Einfluß auf das Denken der Menschen ein. Aber völlig wirkungslos wurde sie nie. Das Ende des 17. Jahrhunderts brachte mit bemerkenswerten Kometenerscheinungen noch einmal eine Hochzeit astrologischen Glaubens. Doch schon 1699 wurden durch den Reichstag astrologische Almanache verboten. Dieser Einstellung folgte auch bald die Berliner Akademie der Wissenschaften, wenn deren Kalender auch zunächst die üblichen astrologischen Informationen boten, etwas vorsichtiger jedoch, als noch ein halbes Jahrhundert zuvor üblich. Die Verteidiger der Astrologie waren bald eine verschwindende Minderheit unter den Gelehrten, und ihre Schriften kursierten heimlich, da sie ihren Besitzern nur Spott einbrachten. In den vornehmen Salons vertrieb man sich mit Astrologie, Handlesekunst und anderen okkulten »Wissenschaften« auf amüsante Weise die Zeit.

Bemerkenswert bleibt, daß sich einige philosophisch veranlagte Gelehrte und Schriftsteller mit dem rein »mechanischen« Kosmos nicht zufriedenzugeben vermochten. Unter ihnen finden wir Dichter der Romantik, wie August Wilhelm Schlegel und Novalis, denen das »Weben und Streben« der Natur eine stete Quelle stark emotionaler Anregung war.

Auch in Goethes pantheistischer Philosophie war Platz für den Gedanken des einheitlichen, den Menschen einschließenden kosmischen Organismus. Das Weltall sei nicht starr und tot, sondern von lebendigen Körpern und Kräften erfüllt, die aufeinander wirken. In jedem von ihnen stecke ein Stück des »Weltgeistes«, der ein allumfassendes geistiges Band der Welt erschafft, meinte der Dichter und Naturforscher. Doch auch die tiefgründigen und geistreichen Überlegungen, die viele Werke Goethes durchdringen, vermochten Zusammenhänge von dieser Art nicht nachzuweisen. Inwiefern Goethes Vorstellungen, wie überhaupt der Gedankenkreis der Astrologie, in der modernen Astrophysik seine dialektische Aufhebung fand, werden wir noch sehen.

Noch im Verlaufe des 18. Jahrhunderts verschwand die Astrologie von den Universitäten und Akademien, was ihren Verfall beschleunigte.

Astrologie heute

Oft wurde versucht, die Astrologie auf reale physikalische Wechselwirkungen der Himmelskörper zurückzuführen – vergeblich. Es gelang nicht, glaubhaft zu machen, daß z.B. die organische Zelle wie ein Hertzscher Schwingkreis arbeitet und auf elektromagnetische Wellen der Himmelskörper reagiert, wie gelegentlich behauptet wurde. Ebenfalls vergeblich suchte man nach den »odischen Strahlen« des Ingenieurs Auphan, die den gesamten Erdkörper durchdringen und Resonanzen verschiedener Frequenzen verursachen sollen. Aus dem Zusammenwirken der Erdrotation, der Bewegung der Erde um die Sonne und der Rotation der Sonne wollte Auphan die Wirkung der Häuser, Zeichen und Aspekte herleiten. Im Jahre 1937 haben J. Steiger und J. Fiam eine Lichtprägungshypothese aufgestellt, derzufolge jeder Mensch in eine »Licht- und Bestrahlungsumgebung« hineingeboren wird, die auf das Drüsensystem traumatisch einwirke und je nach den vorhandenen Strahlungsenergien biologisch und sozial hochwertige oder negative Menschentypen mache. Gewiß kann man in beliebiger Weise die Phantasie spielen lassen, um solche oder ähnliche Systeme zu ersinnen. Bei einigem Geschick wird ein solches System sogar innerlich widerspruchsfrei sein – nur den Beweis blieb jeder dieser Systemproduzenten schuldig.

Um 1900 entstand eine Richtung der Astrologie, die anstelle des üblichen, völlig unzureichenden Verfahrens, die Wahrheit der Astrologie in einzelnen prägnanten Horoskopbeispielen zu suchen, eine wirklich wissenschaftliche Methode setzen wollte – die statistische Astrologie. Wenn eine bestimmte Stellung der Himmelskörper eine ganz bestimmte Wirkung auf den Menschen haben soll, muß sich dies nachweisen lassen. Eine Häufung dieser Eigenschaften muß selbst dann eintreten, wenn die Sterne nicht »zwingen«, sondern nur »geneigt machen«. Diese Häufungen nachzuweisen, stellte sich die statistische Astrologie zum Ziel, und es wurde eine Reihe sorgfältiger Analysen durchgeführt.

Wer hoffte, daß nun der Astrologie mit unanfechtbaren Daten eine sichere Grundlage gegeben sei, sah sich recht bald enttäuscht. Anhand des enormen Materials von 70 000 Einzelbeobachtungen schlußfolgerte der schweizerische Versicherungsstatistiker Krafft, man müsse die astrologische Tradition ganz ausschalten und mit nur einigen wenigen »Grundelementen« arbeiten. Das komplizierte System der Astrologie könne nicht für Vorhersagen benutzt werden. Der Franzose Gauquelin gelangte nach der Untersuchung von 5 000 Geburtsdaten zu dem Schluß, »je präziser und feiner die statistischen Methoden werden, um so magerer ist das erhoffte Resultat« – für den Astrologen, versteht sich!

Lassen wir all die verwickelten Fälle astrologischer Prognostik beiseite und greifen uns eine fundamentale Beziehung heraus. Im System der medizinischen Astrologie sollen Zwillinggeborene zu Lungenkrankheiten neigen. Die Frage: »Überwiegen unter den Lungenkranken die Menschen, die im Zwillingszeichen geboren sind?«, müßte aus der Sicht der Astrologie positiv beantwortet werden, wenn diese Beziehung irgendeinen Sinn haben soll. Im Jahre 1954 untersuchte Richard Busch 6 100 Fälle von Lungen-Tbc in drei Heidelberger Kliniken. Nach seinen Untersuchungen verteilen sich die Lungenkrankheiten absolut und relativ annähernd gleichmäßig auf die Tierkreiszeichen (von 9,82 % beim Tierkreiszeichen Waage bis 7,13 % beim Schützen). Die Erklärung des unterschiedlichen Anteils der »Waagegeborenen« und der »Schützen« wollen wir gern den Astrologen überlassen. Vielleicht kommen sie jedoch allein auf die Idee, daß offensichtlich 6 100 Fälle noch nicht ausreichen, um Zufälligkeiten völlig auszuscheiden (der interessierte Leser mag einmal untersuchen, wie oft gewürfelt werden muß, damit im Durchschnitt alle sechs Zahlen mit gleicher Häufigkeit gefallen sind). Busch fügt im weiteren Verlauf seiner Untersuchungen eine Reihe von Korrekturen in die Daten ein, die hier vernachlässigt werden sollen, da sie nur ein stärkeres Zusammenrücken der Daten bringen. Die Stellung der Zwillinge im Mittelfeld bleibt unverändert.

Wie wird aber die Astrologie mit diesen doch sehr schwerwiegenden Ergebnissen fertig? Viele Astrologen nehmen sie gar nicht zur Kenntnis. Vielleicht eine Art Selbstschutzmechanismus? Andere stellen, wie F. Schwab (1923), Gegenstatistiken mit einem völlig unzureichenden Datenmassiv auf (in der Mehrzahl der Reihen weniger als 75 Daten), um festzustellen, daß »Dienstmädchen, die unter Mars-Einfluß stehen, entschieden besser Feuer im Herd anlegen können als welche, die Mond- oder gar Saturneinfluß haben«.

Astrologen, denen ein gutes Stück Kritikfähigkeit ihren Lehren gegenüber geblieben ist, leiteten ganz andere Schlüsse ab, die nun freilich drohen, die Astrologie im eigentlichen Sinne ganz aufzulösen. Des Rätsels Lösung soll sein: die symbolische Astrologie! Darin fungieren die Planeten, Tierkreiszeichen, Häuser und Aspekte als symbolischer Ausdruck realer psychischer Funktionen. Diese Zuordnungen fußen bewußt auf einem uralten Weltbild, das von den Planetengöttern beherrscht wurde. Nach den Worten von Knappich (1967) sind die Planeten, Sterne usw. »weder Dämonen noch kraftausstrahlende Himmelskörper, sondern bloß vom Menschen erdachte Merkzeichen, aus denen der Zeichendeuter aufgrund von Analogieschlüssen nur Vermutungen über mögliche Anlagen und Tendenzen vorbringen kann, die sich realisieren können, aber nicht müssen«. Das ist zweifellos eine Ansicht, von der manch Horoskopsteller einiges lernen kann!

Erneut steht nun die Frage: Was vermag die Astrologie an Orientierungen, an Lebenshilfen zu geben, wenn sie auf irgendwelchen, in grauer Vorzeit erdachten »Merkzeichen« beruht, aus denen die Intuition des Zeichendeuters irgend etwas herauszulesen vermag, was sein kann, aber nicht sein muß? Intuition kann doch nur ein Mittel zur Auffindung von Hypothesen sein, deren Berechtigung an den objektiven Tatsachen zu prüfen ist. Wenn es keine

*Charakterköpfe: »Jupitertyp« und »negativer weiblicher Mondtyp«
(nach A. Leo)*

objektiven Tatsachen gibt (und genau das ist einer der
Grundgedanken der symbolischen Astrologie), kann sich
die Intuition rasch verselbständigen und den Anschein
des Faktischen erhalten. Wenn also die Intuition besagt,
daß ein Horoskop mit schlechter Marsgestirnung ausgestattet ist, wird dann der Horoskopeigner ein schlechter
Mensch? Neigt er dann gar zum »Prennen, rauben und
mörden«? Die symbolische Astrologie zeigt sehr deutlich
das Dilemma der gesamten Astrologie. Da ihr die Möglichkeit des Nachweises der Objektivität ihrer Lehre ver-
wehrt ist, zieht sie sich ins Subjektive, ins intuitive
Schauen, letztlich ins Mystische zurück.

Unverändert blüht die Trivialastrologie in der westli-
chen Boulevardpresse. Hier gehört das wöchentliche Horoskop »Erwartungen und Tendenzen« zum unverzicht-
baren Image. Es sichert einen stabilen Leserkreis. Diese
Art der Zeitungshoroskope hat keinerlei Bezug zur Astrologie! Inhaltlich zielen diese Horoskope auf allgemeine
Verhaltsregeln, die man zum großen Teil durchaus akzep-
tieren kann. Wundern muß man sich nur, daß Menschen
so naiv sein können, dies als schicksalhaften Spruch des
Himmels anzusehen. Jeder Astrologe, der etwas auf sich

115

hält, weist die Zeitungsastrologie weit von sich, da sie die elementarsten Lehren der Astrologie außer acht läßt und oft von Leuten stammt, die zwar genügend Menschenkenntnis besitzen, um ansprechende Verse zu verfassen, aber über die Anfangsgründe der Astrologie und Astronomie nicht hinauskommen. Man könnte all dies ebenso wie die »modernen« astrologischen Wetterprognosen als Scherz auffassen, wenn nicht die Astrologie in unserer Zeit noch eine ganz andere Funktion hätte. Nicht alle Trivialhoroskope bestehen aus harmlosen Ratschlägen oder Banalitäten. Bleiben wir beim »Neuen Astrologischen Kalender für das Saturnjahr 1979« aus München. Das Jahr 1979 wird gleich eingangs mit 1944 verglichen. Beide haben Saturn als Jahresherrscher, und beide bringen demzufolge Unglück mit sich. Im Jahr 1944 »führten Versorgungsschwierigkeiten in Deutschland dazu, daß der Hunger um sich griff«. Das ist kein Spaß, das ist astrologische Geschichtsbetrachtung im Dienst reaktionärer Kräfte! Kein Wort davon, daß die Verheerungen und Schrecken des vom deutschen Faschismus angezettelten Krieges mit aller Gewalt auf das deutsche Volk zurückschlugen, nachdem die Sowjetunion dem Krieg die Wende gegeben hatte. Alles waren »Versorgungsschwierigkeiten«, Schuld daran ist Saturn. Und wenige Seiten weiter heißt es im Stile einer astrologischen Offenbarung: »Hoffentlich gehören sie nicht einer progressiven Organisation an oder verfügen selbst über einen progressiven Geist. Wer da alles anders machen will und dadurch der Umwelt oder bestehenden Ansichten Schwierigkeiten bereitet, muß damit rechnen, daß er irgendwie und irgendwann ausgebootet wird.«

»Moderne« Astrologen sind besonders freigebig mit Verhaltensmaßregeln für Arbeiter und Angestellte. So heißt es im »Astrologischen Kalender« (in Klammern jeweils die Geburtszeiträume):

»Ewiges Nörgeln oder Kritisieren geht auf die Dauer jedem auf die Nerven und beeinträchtigt das Betriebsklima.« (3.–12. Sept.)

»Wer unter Uranus-Einfluß kommt, sollte nicht im Berufsleben versuchen, den Außenseiter zu spielen. Anpassung ist hier wichtig.« (1.–10. Mai)

Die Lust am Weltuntergang

Prophet
Nostradamus

»Der Spiegel« über das Geschäft mit der Astrologie

Für den Arbeiter ist das wichtigste Gebot, sich mit Einschränkungen zufriedenzugeben! So verlangen es die astralen Kraftfelder, sagen die Astrologen. Deshalb ist eines von Bedeutung: »... erwerben Sie sich das Vertrauen derer, für die Sie arbeiten.« (4.–13. Okt.) Und: »Sind sie Arbeitnehmer, dann tun Sie gut daran, nicht mit unbilligen Forderungen zu kommen, schon gar nicht in der ersten Jahreshälfte.« (21.–30. Jan.)

Auch den zwischen dem 13. und 21. Dezember geborenen Astrologiefreunden wird ein erfolgreiches Jahr ge-

wünscht, aber: »Damit ist nicht gemeint, irgendwie auf-
zusteigen, sondern sich so zu verhalten, daß mit jedem
gut ausgekommen wird, daß man nirgends aneckt, keine
Sonderwünsche durchzusetzen sucht und vor allen Dingen Pflichten nicht vernachlässigt.«

In diesen astrologischen Vorhersagen steckt ein voll-
ständiger Verhaltenskodex für Arbeiter im Kapitalismus:
Passivität, Abschwören aller progressiven Ideen, Hin-
nahme von Einschränkungen im Sozialen, von Arbeitslo-
sigkeit, Verzicht auf Friedenskampf ... Mit dem Hinweis
auf astrale Einflüsse werden alle Gebrechen des kapitalistischen Systems auf Ursachen zurückgeführt, die vom
Menschen unbeeinflußbar sind und von den wirklichen
ablenken.

Einen nicht unerheblichen Anteil am Aufschwung der
Astrologie in der BRD hatten die zwölf Sendungen der
»Astro-Show« im BRD-Fernsehen 1982, die Spitzen-Ein-
schaltquoten brachten. Das Auftreten astrologiegläubiger
»Stars«, die Mischung von Trivialastrologie und musikali-
scher Unterhaltung – serviert mit französischem Charme
von Elizabeth Teissier – verfehlten nicht ihre Wirkung
auf die Zuschauer.

Wie die Zeitschrift »Der Spiegel« berichtete, liegt das
Durchschnittsalter der Leser astrologischer Schriften bei
60 Jahren, 95 % der Leser haben nur Volksschulbildung.
45 % der BRD-Bevölkerung hielten 1974 einen Einfluß
der Sterne auf das Schicksal für möglich, der Anteil der
Frauen dabei liegt dreimal so hoch wie der der Männer.
Doch die Konsumenten der Astrologie sind auch in den
höchsten Kreisen der Gesellschaft zu finden, bei Künst-
lern, Industriellen und führenden Politikern.

Proteste namhafter Wissenschaftler gegen die Astrologie und ihre staatliche Begünstigung und Förderung blieben wirkungslos. So auch, als 14 Nobelpreisträger im
Jahre 1975 einen Aufruf unterzeichneten, in dem es hieß:
»Viele möchten in diesen unsicheren Zeiten gern an ein
von astralen Kräften vorbestimmtes Schicksal glauben,
auf das sie keinen Einfluß haben.« Nährboden astrologischer Gläubigkeit ist heute mehr denn je die wachsende
soziale Unsicherheit in kapitalistischen Ländern und die
sich auf dieser Grundlage ausbreitende Zukunftsangst.

Die »vierte Umwelt« des Menschen

Auch der Begriff »Aberglaube«, wenn man ihn ohne jeden zeitlichen Bezug verwendet, gibt eine falsche Vorstellung vom Wesen der Astrologie. »Abergläubisch« kann doch nur dann eine Vorstellung sein, wenn sie von der Wissenschaft bereits als falsch nachgewiesen worden ist, wie dies eigentlich schon der Sinn des Wortes Aberglaube nahelegt, den man etwa so umschreiben könnte: »Die Wissenschaftler haben die Erscheinung X so erklärt, *aber* ich *glaube* dennoch, daß...« Natürlich sind andererseits auch Fragen der Zugänglichkeit zur Bildung zu berücksichtigen, denn unter den Bedingungen des Bildungsprivilegs für eine herrschende Klasse sind die neuesten Erkenntnisse der Wissenschaft nur einer kleinen gesellschaftlichen Schicht bekannt. Aus diesem Grund darf bezüglich der Astrologie in der Antike und im Mittelalter bis in das 17. Jahrhundert hinein nicht von Aberglaube gesprochen werden, da, allerdings von zahlreichen Überspitzungen abgesehen, die Wissenschaften es nicht vermochten, die Falschheit dieses Lehrsystems nachzuweisen.

Oft wird die Frage gestellt: »Ist die Astrologie Unsinn und Aberglaube?« Manchmal auch: »Lügen die Sterne?« Diese Fragen sind teils zu einfach, teils falsch gestellt.

Für den Menschen von der Urgesellschaft bis zum Mittelalter war die enge Bindung an die Gestirne etwas Selbstverständliches und sogar etwas »Naheliegendes«. Doch auch für die Gegenwart erscheint »Unsinn« nicht die rechte Bezeichnung zu sein. Suggeriert sie nicht die Vorstellung von etwas offensichtlich Falschem, das kaum der Widerlegung bedarf? »Ist was dran am Horoskop?« –

Nein! Ein Horoskop ist eine Konstruktion, die in der Realität keine Entsprechung hat. Der Werdegang astrologischer Bezüge lehrt uns dies sehr anschaulich. »Lügen die Sterne?« – Nein, sie lügen nicht, sagen aber auch nicht die Wahrheit, denn sie kümmern sich nicht um den Menschen.

Damit ist nicht gesagt, daß Himmelskörper überhaupt beziehungslos zum Menschen stehen. Allein schon hinsichtlich der Sonne läßt sich dies nicht behaupten.

Die Frage »Leben wir unter kosmischen Einflüssen?« ist mit »Ja« zu beantworten. Mehrere Wissenschaftsdisziplinen bemühen sich, die vielfältigen Auswirkungen der Himmelskörper auf das irdische Leben zu erforschen. Auch wenn wir einmal davon absehen, daß die Sonne mit ihrer Licht- und Wärmestrahlung das Leben auf der Erde überhaupt erst ermöglicht, so werden wir Auswirkungen der Himmelskörper auf die Erde in erster Linie in den Gravitationskräften der Sonne und des Mondes zu suchen haben. Durch ihre große Masse bzw. seine Nähe üben sie auf die Erde eine spürbare Wirkung aus. Sehr auffällig sind die Gezeiten Ebbe und Flut. Der Wasserberg, den der Mond um die Erde herumführt, bewirkt bei gleichzeitig günstiger Stellung der Sonne eine Schwankung des Meeresspiegels bis zu mehr als 10 m. Auch den Erdkörper hebt der Mond an, freilich nur um 15 bis 45 cm. Hat dadurch der Mond vielleicht einen Einfluß auf das Wetter, wie die alten Astrologen (und manche »modernen«) meinten? Die Anziehungskraft des Mondes wirkt selbstverständlich auch auf die Erdatmosphäre und könnte Druckschwankungen bewirken. Aber alle kühnen Hoffnungen, die Treffsicherheit des Wetterberichts durch Einbeziehung der Mondeinflüsse zu erhöhen, werden sofort sinken, wenn wir bedenken, daß die vom Mond bewirkte Luftdruckschwankung am Erdboden nur etwa $\frac{1}{10}$ Millibar beträgt. Dagegen führen wandernde atmosphärische Druckwellen zu ständigen leichten Schwankungen des Luftdrucks von wenigen Millibar, ohne daß dies einen Einfluß auf das Wetter hätte.

Deutliche Auswirkungen auf das irdische Leben hat dagegen der 11jährige Zyklus der Sonnenaktivität. Schon längere Zeit ist bekannt, daß die Dicke der Jahresringe zahlreicher Baumarten einen Verlauf zeigt, der mit der Periode der Sonnenaktivität synchron verläuft. Jahre gesteigerter Aktivität auf unserem Zentralstern bringen eine bis zu 20 % gesteigerte Wachstumsgeschwindigkeit. Das hängt sicherlich mit einer Reihe klimatischer Faktoren zusammen, wie Niederschlagsmenge, Jahresmitteltemperatur u. a. Interessanterweise ergaben Messungen der Lufttemperatur im schottischen Ort Eskdalemuir, daß die Anzahl der jährlichen »Wachstumstage« (mit mehr als 5,6 °C Durchschnittstemperatur) eine Variation parallel zum Sonnenfleckenzyklus aufweist.

Zu Zeiten gesteigerter Sonnenaktivität kommt es auf unserem Zentralgestirn häufig zu gewaltigen Materieausbrüchen. Wie in einem Springbrunnen schießen Gasmassen empor und fallen wieder auf die Sonne zurück. Im Verlaufe dieser Eruptionen wird ein intensiver Strom energiereicher Strahlung und elektromagnetisch geladener Teilchen in den interplanetaren Raum gesendet. Gelangen sie in die Erdatmosphäre, kommt es zu vielfältigen Auswirkungen. Infolge dieser »magnetischen Stürme« kann es zu starken Störungen oder für einige Stunden sogar zum völligen Zusammenbruch des Funkverkehrs kommen.

Von Medizinern wird intensiv die Frage diskutiert, ob die Sonnenaktivität Auswirkungen auf die Gesundheit des Menschen hat. Bereits heute liegt eine Reihe sehr interessanter Theorien und Hypothesen vor. Mehreren statistischen Erhebungen zufolge treten z. B. Lungenblutungen Tuberkulosekranker deutlich verstärkt an Tagen mit starken solaren Eruptionen auf. Auch Herz-Kreislauf-Krankheiten scheinen eine Beziehung zur Sonnenaktivität zu haben. In Swerdlowsk ereigneten sich 60 % der Herzinfarkte während oder im Anschluß an starke magnetische Stürme. In mehreren sowjetischen Großstädten wurde beobachtet, daß in wenigen Tagen, an denen eine starke Sonnenaktivität zu beobachten ist, ebenso viele Menschen einen Herzinfarkt erlitten wie sonst im ganzen Monat. Sogar die Selbstmordrate in z. T. weit voneinander entfernten Gebieten und die Zahl der Verkehrsunfälle steigen nach solaren Eruptionen deutlich um 6 bzw. 10 %. Die Reaktionsgeschwindigkeit auf Signale erwies sich in

Experimenten, die an Tagen mit erhöhter solarer Strahlung durchgeführt wurden, um das Vierfache langsamer gegenüber Tagen mit »ruhiger« Sonne. Da das Herz wie ein elektrischer Dipol arbeitet (sichtbar im Elektrokardiogramm), ist es möglich, daß die von der Sonne verursachten magnetischen Stürme bei entsprechend veranlagten Menschen eine Störung dieser Funktion bewirken. In ähnlicher Weise könnten veränderte Potentiale des Erdmagnetfeldes die elektrischen Ströme im Gehirn beeinflussen. Auf diesem Gebiet sind noch eingehende Untersuchungen notwendig, um die näheren Umstände dieser Abhängigkeiten zu erforschen, bevor es zu praktischen Konsequenzen kommt, etwa eines »Sonnenberichts« in den Nachrichten, in dem vor den schädigenden Auswirkungen einer solaren Eruption gewarnt wird.

Darüber hinaus sind Vermutungen zu prüfen, wie z. B. die Fragen, ob die Geburtswehen, die Zahl von Totgeburten oder die Gerinnungsfähigkeit des Blutes von der Sonnenaktivität beeinflußt werden.

Die hier genannten Beispiele sind nur eine kleine Auswahl aus dem Themenkatalog der solar-terrestrischen Beziehungen. Auch aus der Tierwelt sind uns eine Vielzahl von Lebensrhythmen bekannt, die sich nach Sonnen- und Mondzyklen richten. Das bekannteste Beispiel dürfte der in Polynesien beheimatete Palolowurm sein. Jedes Jahr vor dem letzten Mondviertel im Oktober und November stoßen diese Tiere ihren hinteren Körperabschnitt ab. Die verblüffende Pünktlichkeit dieses Vorgangs ist bislang ungeklärt. Bemerkenswert ist z. B. die spektrale Empfindlichkeit der Augen der Guppys. Ihre Gelbempfindlichkeit erreicht zur Vollmondzeit ein Maximum, zur Neumondzeit ein Minimum. Sicherlich hängt das mit dem weißgelben Licht des Mondes zusammen.

Wir leben tatsächlich unter den vielfältigsten kosmischen Einflüssen. Die moderne Astrophysik erforscht die wirkliche Bedeutung der Himmelskörper für den Menschen und kommt dabei zu interessanten und wichtigen Ergebnissen. Fragte Kepler nach der Wärme und Kälte der Himmelskörper und einer »species immateriata«, die die Wirkung der Planeten auf die Erde übertragen solle, so stellt die Astrophysik die dialektische Aufhebung dieser alten astrologischen Gedanken dar. Der Kosmos ist, um in dieser alten Terminologie zu bleiben, ein »Organismus«. Das Weltall ist die »vierte Umwelt« des Menschen. Wir leben nicht isoliert in diesem »Organismus«, sondern sind ein Teil von ihm. Die Bildung des Weltalls, der Sonne und der Planeten waren kosmische Prozesse. Die Entstehung des Lebens auf der Erde war von ganz spezifischen Bedingungen abhängig, wie beispielsweise der Masse und Temperatur der Sonne sowie vom Abstand zwischen Erde und Sonne. Nicht nach einer »species immateriata« suchen wir, sondern nach Wirkungen der Gravitation, des Lichtes, der Wellen- und Teilchenstrahlung auf das Klima, auf das Leben von Menschen, Tieren und Pflanzen.

Die Astrophysik, speziell die Untersuchung der solarterrestrischen Beziehungen, zielt auf die Erforschung der kosmischen Bedingungen des Lebens. Doch das ist keine Astrologie, sondern praktische Tätigkeit des Menschen zur Nutzung der Natur. Die Raumfahrt läßt uns ahnen, in welchem Maße das irdische Leben dereinst zu einem kosmischen Phänomen mit gestaltender Kraft nicht nur auf der Erde, sondern auch auf anderen Himmelskörpern wird. Die »Bedeutung der Planeten« für den Menschen ist ein Thema, das der Zukunft angehört.

Literaturhinweise

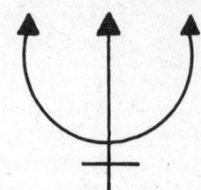

- Astronomia Teutsch. Frankfurt 1601
- Bernard, J.: Klemens von Alexandria. Leipzig 1974
- Bezold, F.v.: Astrologische Geschichtskonstruktion im Mittelalter. In: Ders., Aus Mittelalter und Renaissance. München/Berlin 1918
- Boll, F.: Sphaera. Leipzig 1903
- Ders.: Sternglaube und Sterndeutung. Die Geschichte und das Wesen der Astrologie. Berlin 1926
- Ders.: Kleinere Schriften zur Sternkunde des Altertums. Leipzig 1950
- Busch, R.: Statistische Untersuchungen zu der Behauptung, daß das Sternbildzeichen der Geburt zu bestimmten Krankheiten prädestiniert. Diss. Heidelberg 1954
- Complexionen Der vier zeiten des Jars und der Zwelff Himlischen Zeichen. Dresden 1571
- Der Neue Astrologische Kalender für das Saturnjahr 1979. München 1978
- Drößler, R.: Als die Sterne Götter waren. Leipzig 1976
- Ders.: Planeten, Tierkreiszeichen, Horoskope. Leipzig 1984
- Freytag, G.: Bilder aus der deutschen Vergangenheit. Bd. 1, Leipzig 1886
- Friedemann, Ch.: Leben wir unter kosmischen Einflüssen? Leipzig/Jena/Berlin 1976
- Gundel, W.: Sterne und Sternbilder im Glauben des Altertums und der Neuzeit. Bonn/Leipzig 1922
- Ders.: Dekane und Dekansternbilder. Glückstadt/Hamburg 1936
- Gundel, W., und H. G.: Astrologumena. Die astrologische Literatur der Antike und ihre Geschichte. Wiesbaden 1966
- Hamel, J.: Die Kometen im Weltbild der Antike und des Mittelalters. In: Die Sterne 60 (1984), S. 347–356

- Ders.: Astronomie in alter Zeit. Vortr. u. Schriften der Archenhold-Sternwarte, Nr. 60. Berlin-Treptow 1985
- Heitz, P., und K. Haebler: Hundert Kalender-Inkunabeln. Straßburg 1905
- Hellmann, G.: Beiträge zur Geschichte der Meteorologie. Veröff. d. Kgl. Preuß. Meteorol. Inst., Nr. 273 (1914)
- Henseling, R.: Umstrittenes Weltbild. Leipzig 1939
- Hesiod: Sämtliche Werke. Leipzig 1965
- Kehnscherper, G.: Hünengrab und Bannkreis. Leipzig/Jena/Berlin 1983
- Kepler, J.: Opera omnia. Vol. 1, Frankfurt/Erlangen 1858
- Knappich, W.: Geschichte der Astrologie. Frankfurt/M. 1967
- Körber, H.-G.: Vom Wetteraberglauben zur Wetterforschung. Leipzig 1986
- Kugler, F. X.: Sternkunde und Sterndienst in Babel. 2 Bde., Münster 1907–24
- Lauterbach, R.: Der Mensch und die Planeten. Leipzig/Jena/Berlin 1987
- Leo, A.: Astrologische Werke. Große Ausgabe. 7 Bde., Leipzig 1927–31
- Lexikon der Astrologie. Hg. U. Becker. Freiburg/Basel/Wien 1981
- Lippmann, F.: Die sieben Planeten. Berlin/Paris/London/New York 1895
- Medizinisch-astrologischer Volkskalender. Einführung, Transkription und Glossar von M. Mitscherling. 2 Bde., Leipzig 1981
- Ptolemäus: Tetrabiblos. Berlin 1923
- Riemann, F.: Lebenshilfe Astrologie. München 1981
- Ring, T.: Das Lebewesen im Rhythmus des Weltalls. Stuttgart/Berlin 1939
- Rodericus Zamorensis: Spiegel des menschlichen Lebens. Augsburg 1488
- Schwab, F.: Sternenmächte und Mensch. Berlin 1923
- Strauß, H. A.: Der astrologische Gedanke in der deutschen Vergangenheit. München/Berlin 1926
- Weidner, E. F.: Handbuch der babylonischen Astronomie. Fotomech. Nachdr. der Ausg. Leipzig 1915, Leipzig 1976

»akzent«-Reihe
(1974–1986)

71. Oppermann, Plovdiv – antike Dreihügelstadt
72. Göttner/Seydewitz, Roboter heute und morgen
73. Lange, Gestaltwandel im Tierleben
74. Illini/Bernstein, Elektronik im Alltag
75. Hohl, Wandernde Kontinente
76. Müller, Vom Ringwall zur Festung
77. Rehbein, Klassiker des Schienenstranges
78. Kokoschko, Mittelasien gestern, heute, morgen
79. Conrad, Chips – Sensoren – Computer
80. Stoof, Das hunderttorige Theben